中公新書 2561

指 昭博著

キリスト教と死

最後の審判から無名戦士の墓まで

中央公論新社刊

プロローグ

ヨーロッパ、キリスト教世界での死のイメージといえば、アニメ『フランダースの犬』の最後、息を引き取ったネロとパトラッシュの魂が天使に導かれて天へと昇ってゆくさまを、(人によっては涙とともに)思い浮かべる人も多いかもしれない。

しかし、その感動に水を差すようで申し訳ないのだが、この死の様子にはいろいろと疑問が浮かんでくる。まず、素朴な理解で考えると、キリスト教では、この世界の終末にある「最後の審判」の裁きによって死者の魂の天国行きが決まるはずである。ネロは空高く上がっていったが、はたして、まだ「最後の審判」を経ていないネロの魂の行き先は天国なのだろうか。

そもそも天国とはどこにあるのだろう。天空といっても、どれほど地球から離れているのだろう。太陽系のなかなのか、外なのか。それとも、まったくの異次元に存在するのだろうか。

また、天に昇る魂とはどのような形をしているのだろう。人の姿をしているのか、それとも人魂《ひとだま》のような形なのか。魂が天へと向かうとき、天使が迎えに来てくれなければ、魂は自力では昇天できないのだろうか。また、キリスト教では、人間以外は霊魂を持たないとされるので、犬であるパトラッシュは一緒に天国へ入ることはできないはずだ。

多くの宗教にとって死は重要な問題である。いやむしろ、死をどうとらえるか、死後の世界をどう考えるか、が主要宗教の核心であるといっていいだろう。ところが、あらためて考えてみると、この肝心な部分について、意外なほどわれわれの理解が曖昧《あいまい》なことに驚かされる。

われわれにはキリスト教よりも身近なはずの仏教にしても、事情は同じである。宗派によって葬儀の次第や考え方に違いがあること自体、あまり意識されることはないかもしれないが、その違いの幅は想像以上に大きい。

たとえば、葬儀を終えたあと、「清めの塩」を配ることもあれば、死は「穢《けが》れ」ではないとして配らないこともある。死を極楽への旅立ちとして「めでたい」と位置づけ、僧侶が派手な袈裟《けさ》を着用する宗派もある。いわば晴れ着の発想である。

近世の日本人は、信じる宗派によって異なった「あの世」に行くと考えていたようである。一七世紀イギリスで著された日本の宗教を紹介した書物にもそういった記述がある。浄土宗なら浄土宗の極楽に、一向宗なら一向宗の極楽に、というわけである。宗旨が違えば、今生《こんじょう》の別れは永遠の別れでもあるわけだが、宗教的多様性容認の寛容の表れともいえるかもしれない。

お盆にはご先祖様の霊魂が戻ってくるという仏教以前の祖霊信仰にもとづいて、迎え火を焚《た》き、僧侶が読経《どきょう》するという習慣も根強い。しかし、極楽往生《おうじょう》を遂げた死者の魂は、けっしてこの世には戻ってこないという浄土思想の立場から、お盆の習慣を仏教とは無縁のものとして否定する宗派もある。たしかに、この理屈でいえば、お盆に死者の魂が戻ってくると考えるのは、死者が成仏《じょうぶつ》していないということになる。そもそも、お盆に死者はどこから戻ってくるとわれわれは意識しているのだろう。もともとの祖霊信仰では、死者の魂は近隣の山などにいると考えられていたので、魂の帰還という考え方は自然であったが、西方十万億の仏土の彼方《かなた》にあるという極楽浄土からどのように戻ってくるのだろう。また、地獄に堕《お》ちた死者の魂も、お盆には、責め苦も一休みして、戻ってくることができるのだろうか。そもそも、われわれは、死者の魂はどこにいると理解しているのだろう。天国や極楽（もしくは地獄）、それとも、お墓、仏壇、いろいろと候補は挙げられるが、この問いには多くの人が答えに窮するはずである。

荼毘《だび》に付した遺体から遺骨を拾う習慣にしても、関東では骨全部を集めるのに対して、関西では一部の骨しか拾わない。拾い残した骨が処分されることに対して、東の人は違和感を感じるようであり、西の人はそんなにたくさん集めてどうするの、ということになる。そもそも、この遺骨の意味は何なのだろうか。そこに何らかの霊的な存在が留《とど》まっているのだろうか。大阪には、納められた多くの遺骨を砕き固めて仏様の姿にして供養《くよう》する寺があるが、骨の色そのものの白い仏様の姿をありがたいと思うか、グロテスクと見るかは、かなり意見が分かれるだろう。他人の遺骨と一体化することへの違和感もあるかもしれない。

日本人の遺骨（遺体）への執着は、たとえばキリスト教徒からすれば、いささか特異なものと映るようである。それは、二〇〇一年にハワイ沖で起きた「えひめ丸事件」にも端的に表れていた。日本の水産高校の演習船がアメリカ海軍の潜水艦に衝突され沈没、九名が命を落とした事件である。このとき、深い海に沈んだえひめ丸の引き上げをめぐり、引き上げは困難なのでこのままにしておこうというアメリカ側と、あくまでも引き上げ（遺体の収容）を求める遺族の間でトラブルとなった。なにしろ、真珠湾攻撃の際に沈没した戦艦アリゾナの乗組員の遺体九〇〇体ほどがいまだに船内に残され、その上に、記念館が設けられているのだから、彼我の遺体・遺骨への思いの違いはかなり大きい。つまり、多くの日本人には

「当たり前」のように見える戦没者の遺骨収集も、世界的にはかならずしも常識ではなく、むしろ奇異に映る可能性があることはよく指摘されるとおりである。また、歴史をさかのぼれば、日本人も昔から遺骨を大事にしていたわけではない。平安時代の京都などでは、遺体は、化野《あだしの》や鳥辺山《とりべやま》といった市街を外れた場所に捨て置かれ、朽ちて動物の食べるままにされた様子が絵巻物や六道絵《ろくどうえ》などに描かれている。

一方で、西洋絵画などには、静物画に頭蓋骨《ずがいこつ》を描いた例がたくさんある。とくに近世に作例が多いように思うが、これは「死を想え《メメント・モリ》」という中世末以来の思想にもとづく。頭蓋骨によって、人間の生のはかなさを知らしめ、信仰や道徳的な戒《いまし》めとするものである。シェイクスピアの『ハムレット』でも、道化師ヨリックの頭蓋骨を手に、ハムレットが哲学的な感慨にふける場面が描かれる。しかし、日本では、頭蓋骨が登場するといえば怪談であるし、展覧会で頭蓋骨を描いた静物画を見た場合、気味悪いと感じる人のほうが多いようである。

魂の重さは何グラムという――人が死ぬと、必ずその分だけ体重が減るという――いささか眉唾《まゆつば》な数値も世のなかに流布している。そうなると、これまでの死者の魂の重量の総計はたいへんなものになるはずだが、天空にそれだけの重量を支える場所があるのだろうか。少し前に流行《はや》った「千の風になって」という歌で描かれた死後のイメージも、昔ふうにいえば「成仏せずに迷っている」魂ということになるのかもしれない。死者に見守られたいと願うのも、「成仏しないでください」と祈っていることになる。そもそも死者の魂がみんな風になって飛び回っているなら、もう台風並みの暴風だろう。

このように、宗教者ではないわれわれがぼんやりと思い浮かべる死のイメージは、きわめて曖昧で、さまざまな宗教の要素が混在し、統一のとれた世界観をなしていない。漫才ふうにつっこみを入れるととたんに答えに窮することになる。

もちろん、唯物論的に、完全に死後の存在を否定する考えもある。死んだらそれまで、であり、霊魂というものを認めない。この立場からは、たとえば、死後の世界をあれこれ考えたり心配したりすることは無意味で、死者を祀《まつ》ったり死者へ祈りを捧《ささ》げることは迷信でしかない。

では、これらの出発点にある「死の定義」はどうだろう。これも単純明快な話ではない。脳死と心臓死をめぐる議論に見られるように、科学的に一元的な定義とはいかないようである。そうなると、たとえば、死後何年も経《た》つ遺体を前に「まだ死んでいない」と主張する新興宗教の信者がニュースになったことがあるが、われわれはどういう根拠でその死の定義を否定することができるのだろう。

死をめぐる議論では、死生観を含め、死の定義の文化的な背景ということが強調されることが多いが、一方で死は社会的・法的な問題であり、経済的な問題でもある。たとえば、二国間で死の定義が異なった場合の問題はどのように解決されるのだろう。A国では「死亡」となるがB国ではならないといった場合、A国で「死んだ」人をB国へ移送すれば「生き返る」ことになるのだろうか。戸籍の記載はもちろん、相続はどのようになり、保険金はどのように支払われるのだろうか。死という厳粛な事柄が、見方によっては、きわめてグロテスクな、ときには滑稽《こっけい》な事態を引き起こすことになるだろう。死という実に重大な事柄でありながら、そこに整合的な共通認識が欠けている事実にあらためて驚かされる。

当然のことながら、死後の霊魂の問題を扱う宗教にとっては、死はその中心的な課題といえる。とりわけ、キリスト教は、イエスの十字架処刑に始まり、初期教会の殉教者たちに見るように、迫害による死の上に築かれたといってもよく、死はキリスト教の本質に深く根ざしている。宗教改革による教義の変化や宗派対立の根底にあったのも、「死」にまつわる問題であったということができる。宗教改革者による煉獄《れんごく》の否定と、それにともなう死者への祈りの否定や聖人のとりなしの否定は、中世のカトリック教会が築き上げた死と死後の世界観への挑戦であった。こうした教義・神学に関わる問題は、同時代から宗教改革をめぐる論議の中核にあった。

ところが、こうしたキリスト教の世界でも、死と死者の魂をめぐる問題が整然と説明されているかといえば、かならずしもそうではない。われわれ同様にかなり混沌《こんとん》としている。死後の魂の行方、天国の存在そのものについても、さまざまな考えがあるのだ。

このように、人の死と死後のあり方、人の死と社会の関わりなどは、きわめて身近であり、多くの検討すべき問題をはらんでいるのだが、宗教の本質に関わる問題であるためか、「死の文化」を正面から取り上げた本格的な歴史研究が始まるのは、二〇世紀後半のいわゆる社会史の興隆に刺激されてからである。本書は、そうした先行研究を踏まえながら、死とその周辺の事柄をめぐる歴史的な問題を、イギリスを中心にしたヨーロッパ・キリスト教世界にたどり、われわれ自身の死に対する意識を考えてみる試みである。

キリスト教と死†目次

プロローグ　i

第一章　キリスト教の来世観……3

1　天国と地獄　4
最後の審判／天　国／天国はエデンの園？／天国の暮らし／地　獄／最後の審判はいつ／アウグスティヌスの六時代区分

2　煉　獄　27
煉獄の誕生／煉獄の様子／死者のための祈り／免罪符の功罪

3　往生術　37
臨終マニュアル

4　プロテスタントの来世観　42
宗教改革による教義の変化／煉獄の否定と天国

5　救済観の激変　48
施しの否定／遺言書にみる宗教意識

第二章　幽霊の居場所……55

1　幽霊と「あの世の地図」　56

幽霊とは／幽霊と煉獄／メランコリーと幽霊／ハムレットと幽霊／イギリス文学の幽霊／幽霊と魔女／禿げ山の一夜

2　心霊主義と甘美な死　77

「霊魂の不滅」／心霊主義／甘美な死後の世界／「楽園への道」

第三章　死をもたらすもの……87

1　疫病・災害・住環境　89

ペスト――見えない恐怖／いかに対処するか／映画にみる現代の恐怖／ロンドン大火／地　震／非衛生な環境／子どもの死／間引き／家族の情愛／親の死

2　処　刑　120

人の目に晒される処刑／絞首・斬首・車裂／「絞首・引き回し・四つ裂き」の刑／火　刑

3　アイデンティティとしての殉教　137

イエスの十字架刑／殉教と聖人崇敬／殉教史研究／自殺と殉教

第四章　死と葬儀……149

1　葬儀と埋葬　150

死の準備／葬　儀／埋　葬／遺体泥棒／鐘の音

2　国王の葬儀　168

エリザベスの葬列／葬儀像／テューダー朝の葬儀像／埋葬場所が不明の王／国王の二つの身体

第五章　墓と社会……185

「墓」とは何か／遺体の処置／キリスト教の墓所／墓の掘り起こし／宗教改革による混乱／教会と分離した「墓地」の登場

第六章　モニュメント……209

1　モニュメントとは　210

墓とモニュメント／モニュメント見物／モニュメントの流行とその形態／大きさ／素材と価格／モニュメントと社会秩序／分不相応のモニュメント

2　戦争の英雄を記念する　239

ネルソンとウェリントン／無名兵士の顕彰／その後

エピローグ――メメント・モリ　251

あとがき　257

文献案内　264

章とびら図版一覧

第一章　「死者の復活」ソルズベリ聖トマス教会壁画

第二章　『ハムレット』第１幕の亡霊（ヨハン・ハインリヒ・フュースリ作，ボイデル版『シェイクスピア・ギャラリー』1796年より）

第三章　死への勝利を謳う聖句（「コリントの信徒への手紙１」15章54節）を掲げる天使（19世紀イギリスのステンドグラス．掛川市ステンドグラス美術館蔵）

第四章　葬儀の招待状（1702年）

第五章　コッツウォルドにある教区教会墓地

第六章　聖堂を埋め尽くすモニュメント（エクセター大聖堂）

キリスト教と死

最後の審判から無名戦士の墓まで

第一章　キリスト教の来世観

1　天国と地獄

最後の審判

人は死んだらどうなるのか。これは多くの宗教に共通する問題であり、むしろ、この疑問に答えることが、宗教を生み出した大きな力のひとつであっただろう。

キリスト教もその例外ではない。キリスト教での来世といえば、天国と地獄ということになるが、そこがどんなところで、どうしたら行けるのか、となると話はそう簡単ではない。キリスト教の根底にある世界観を、誤解を恐れず大ざっぱに要約するなら、次のようになるだろう。

天地創造ののち、エデンの園の管理を任されたアダムとイヴが、そこでは食べ物に事欠かず、死ぬこともなかったのに、悪魔の誘惑に負けて禁断の木の実を食べてしまうという「原《げん》罪《ざい》」を犯し、神の怒りを買って楽園を追放されてしまう。その結果、アダムとイヴは食べ物を得るために働かなくてはならず、最後には寿命が尽きて死を迎える存在となったのである。しかも、禁断の木の実を食べたために知ることになった「性」の結果として、イヴ（女性）は出産の苦痛にも耐えなくてはならない。その後の人間も、働き、出産し、死ぬということをくり返さざるをえない「原罪」を負った存在とされる。これでは、この世に生まれ、生きるということ自体が、神の下した罰ということになってしまうのだが、キリスト教の「救い」とは、人がこの原罪を許され、再び神のもとへと戻ることである。

救世主たるイエスは、自らが十字架に架けられることで、人類に科せられていた原罪をあがなってくれたのである。イエスは、この世の終わりに天から再び降り立ち（再臨）、「最後の審判」をおこない、天国へ迎えられるべき人と地獄で永遠に苦しむ人びとに振り分ける。ここで裁かれるのは、これまでの人類すべてであるので、裁きを受けるために、これまでの死者は全員よみがえる。これは抽象的な喩《たと》えではなく、具体的に身体が復活するのである。墓に埋葬されていた遺体は、すでに白骨化しているはずだが、その骨を拠《よ》り代《しろ》にして肉体が復活する。霊魂は不滅であると考えるので、その肉体にもともとの霊魂が宿る（図1－1）。まさに、生前と同じ生身の人間に戻って、イエスの裁きを受けるのである。天国では神とともに永遠の平安の世界が実現することになる。このあとの歴史の展開はない。つまり、天国

図1－1「死者の復活」（『ニュルンベルク年代記』1493年より）

の実現はこの世界の終焉《しゅうえん》をも意味する。

　聖書とは、天地創造や楽園追放を語る『旧約聖書』の「創世記」から始まり、『新約聖書』の末尾に置かれた「ヨハネの黙《もく》示録《しろく》」で、未来に起こる「最後の審判」と天国の実現が語られるという、この世界の始まりから終わりまでを記した一種の歴史書なのである。

　したがって、死後、天国へ行けるかどうかは、自らの魂が救われるかどうかということで、きわめて重要なことになる。天国でなければ地獄が待っているわけで、そこでは永遠の責め苦が続くことになる。おそらくは、そこには仏教のように地獄から救ってくれる地蔵菩薩《ぼさつ》も登場しないし、お釈迦《しゃか》様が気まぐれにでも蜘蛛《くも》の糸を垂らしてくれることすらない、恐ろしい世界である。

ところで、どういった人びとが天国へ迎えられ、誰が地獄へ行くのだろう。これは重要な問題であるので、のちに詳しく検討するが、とりあえずは、救いの対象はキリスト教徒に限られるので、仏教徒などの異教徒には地獄行きしか選択肢がないことは間違いない。

天国

さて、天国であるが、意外にも聖書にはあまり具体的な様子は描かれていない。「ヨハネの黙示録」では、天上から光り輝く都市（天国）が降下してくる様子が描かれているが、その天国の描写は、われわれが漠然と思い描く天国のイメージとはかなり異なる。まず、城壁に囲まれた正方形の都市であること。その素材は黄金や碧玉《へきぎょく》、サファイア、めのう、エメラルド、トパーズ、翡翠《ひすい》、アメジスト、真珠といったさまざまな宝石で、光り輝いている。大きさも示されているが、その規模はかなり小さいように思われる。天国に入れる人はやはりかなり厳選された少数の人びとということなのだろうが、七〇億もの人間がひしめく現代ではなく、もっと人口が少なく（さまざまな推計があるが、二億〜三億人とされる）、キリスト教徒の集団もそれほど大きなものではなかった時代には、これで十分と考えられた想定だろう。

こうした都市的な天国の姿は、中近東の風土のなかでは、荒涼とした自然のなかで人びと

図１－２「最後の審判」ソルズベリ聖トマス教会壁画（15世紀末）

を守ってくれるのは都市という有限の閉鎖空間であるというイメージなのだろう。エデンの園がオアシス都市を彷彿《ほうふつ》とさせるのに似ている。

この都市には一二の城門があり、天使がそれらを守っている。つまり、逆にいえば、この限られた空間以外は悪魔の支配するところであって、神とともにある天国のほうが小さいということになる。イギリス南部ソルズベリにある聖トマス教会の「最後の審判」を描いた壁画（図１－２）では、画面の上部に都市としての天国が描かれ、天国へ迎えられた人びとが建物の窓から外を見ている様子が描かれている。近世初期の書籍の木版挿し絵などにも都市としての天国の情景を絵画化したものが見られるが、寄せ来る悪魔を天使が追い払うという趣向で、いかにも天国側が籠城《ろうじょう》して劣勢のように見えてしまうのは皮肉である（図１－３）。

天国のそれ以上の詳細な内部の様子は、聖書の記述からはうかがい知れない。こうした情報不足のため、中世以来の芸術家にしても、都市としての天国を描くのはやっかいであったようで、多くは天上界ということで雲のなかに漂うといったイメージで処理している。一六世紀後半のヴェネチア派の画家アンドレア・ヴィンチェンティーノの『天国』（図1‐4）では、神を中心に無数の人びとが立錐《りっすい》の余地もなくひしめいている様子が描かれている。これでは、善人ばかりが集まっているとはいえ、いささか気詰まりで、トラブルも生じかねない。

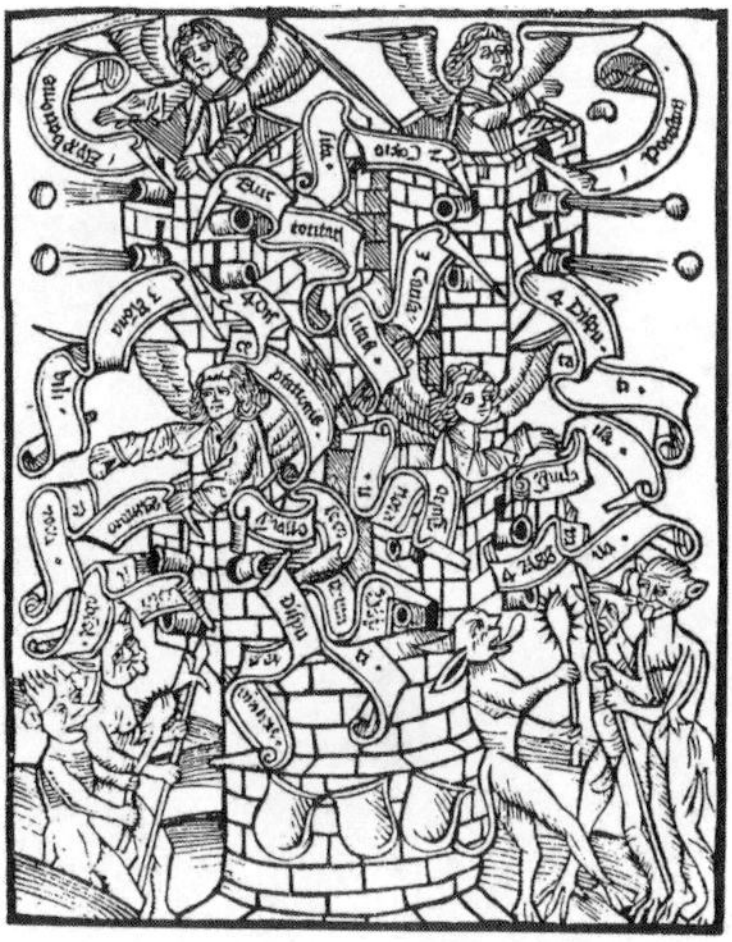

図1‐3「悪魔から天国を守る天使」（1510年）

二〇世紀の映画でも、天国といえば雲のなかというのが記号化しており、あまり具体的な「地理」は示されない。いささか古い映画であるがM・パウエルとE・プレスバーガーの監督作品『天国への階段』（一九四六年）では、一九世紀イギリスの奇想の画家ジョン・マーティンがミルトンの『失楽園』につけた挿し絵を彷彿とさせる天上界が描かれている。

図1－4　アンドレア・ヴィンチェンティーノ『天国』

もっとも、天国のシーンは無数の死者が集まって議論を繰り広げている法廷の場面ばかりである。しかも、この映画では、天国のシーンはモノクロで味気ない世界として、この世の場面はカラーで魅力あふれる存在として撮られており、その現世肯定は潔い。ちなみにこのイギリス映画の原題は「A Matter of Life and Death（死活問題）」であるが、合衆国での公開時に「Stairway to Heaven」となっている。前者のほうが、シャレが効いていて、明らかに生への執着を感じさせる。

天国はエデンの園？

ところで、エデンの園と天国とを同じものだと誤解している人が多いかもしれないが、このふたつは別の場所である。エデンの園は、「地上楽園」といわれることもあるように、われわれが暮らすこの世界と地続きで存在する。つまり地球上のどこかにあるということである。だから、絵画などでは、アダムとイヴは、天使に追われて、楽園の門から出て行くという描写がなされている。つまり、エデンの園とは、この世界のどこかにある城壁で囲まれた領域で、その外側がわれわれの住む世界ということになる。

図1－5　マッパ・ムンディ（「ヘレフォード図」）

中世には、世界の東の端に位置すると考えられた。マッパ・ムンディという当時の世界観を表現した地図には、上端、すなわち、神の領域である天にもっとも近いところに描かれている（図1－5）。中世のキリスト教世界の地図は、TO図といって、世界をTとOを組み合わせたような形で表現したが、その場合、東を上にして描かれるのが通例であった。東は神の領域に近いというわけである。現在の地図に無理矢理当てはめてみるなら、極東、つまり日本の近くにエデンの園があったことになる。

地続きであるなら、追放されたアダムたちも戻れたはずであるが、彼らが再び楽園に入ってこないように、追放後はエデンの園の外壁は「燃える剣」、すなわち炎で包まれ、人間は近寄ることができなくなっている。中世には、東方への旅行記と称した内容の怪しげな著作が書かれるが、なかにはエデンの園の近くに行って、燃えさかる炎を見た、と記述するものもある（一四世紀のイギリス人ジョン・マンデヴィルの作とされる『東方旅行記』）。まず空想の産物だと考えてよいが、玄奘《げんじょう》の『大唐西域記《だいとうさいいきき》』にも登場する「火炎山」などの情報に尾ひれがついたものと考えることもできるかもしれない。たしかに、「地上にある」ということは、探せば見つかるということで、聖書の内容がそのまま信じられた時代、もしくはそのまま信じる人にとっては、探求に値する対象であった。大航海時代以降、地球上の隅々までヨーロッパ人が踏み込むようになると、実際にエデンの園を探し求める人びともいた。

さて、エデンの園の内部についても触れておこう。「創世記」によれば、エデンの園からは四つの大河（ピション、ギホン、ティグリス、ユーフラテス）が流れ出ている。いろいろと解釈されるが、ナイル、インダス、ティグリス、ユーフラテスとされることが多い。もちろん、「現在は」この四大河の源流は同じ場所にはないので、エデンの園の場所との関係はややこしいのだが、その後、ノアの洪水によって世界の地理が大きく変わったのだと説明された。

楽園内部は、樹木が生い茂り、さまざまな動物が生きる庭園といったふうに描かれる。アダムはこの庭園の管理者であった。楽園イコール樹木と動物というイメージは、ヤン・ブリューゲルなどの「動物尽くし」的な絵画の舞台として利用されているし、近世の博物学関係の書物にも援用され、表題に「楽園」とつけたり、表紙絵にエデンの園を描くものもある。やはり中東の水が少ない世界での「楽園」、オアシスの姿が投影されていると考えてよいだろう。オアシスもまた、植物や生き物の有無によって周囲とは明らかに区別される、（城壁はなくとも）隔絶された空間である。

ちなみに、アダムとイヴが食べた禁断の果実は一般にリンゴとされるが、リンゴはもっと北方の果樹で、中東には馴染《なじ》みのない植物である。もちろん、聖書にはリンゴとは明記されていない。北方のヨーロッパにキリスト教が広がってゆく過程で、馴染みのある果実としてリンゴのイメージが付着していったということになるが、古い英語では「アップル」は、リンゴに限定されず、果実一般を指す言葉であったといわれるので、もともとの「果実」の意味に近いといえるかもしれない。また、アーサー王伝説で知られるケルトの聖地「アヴァロン」は、「リンゴ（果実）の生えるところ」という意味であるので、そうしたキリスト教化以前の楽園イメージも投影されているに違いない。

エデンの園が「楽園《パラダイス》」であるので、天国はパラダイスではない。しかし、そのイメージの区別は曖昧である。世界の始まり（エデン）と終わり（天国）のイメージが重なり合っている。ミルトンが、アダムとイヴの楽園追放までを描いた『失楽園』に対して、イエスによる救いを描いた続篇《ぞくへん》を『楽園の回復』と名付けているのも、天国は楽園と似たものと思い描かれていたのだろう。しかし、考えてみれば、楽園を追放された人間が、神に許されて、地上の楽園へ戻るのではなく、天上の神のもと（天国）へ行くというのは、少し話がねじれているようにも思える。

「最後の審判」が下されたあとは、天上の天国へ迎えられる人びとと、地下の地獄へ堕ちる人びとに分かれるとなると、この地上には人はいなくなる。それは、アダムの創造以前の世界ということになるが、それが最終的な安定状態であるとするなら、なぜ、神は人間を作ったのか、という素朴な疑問を生むことになりはしないか。この宇宙のすべてが神の計画にもとづいている、と考える場合、アダムとイヴの罪も、洪水によるノアの家族以外の死も、「最後の審判」も、すべては神がプログラムしたことになるのだが、なぜそんな面倒なことをしたのだろう。もちろん、人間が神の思惑を超えて勝手をしたから、という説明もできる

図1－6　エデンの園（左）と天国（ケルムスコット・プレス版『黄金伝説』1892年挿し絵）

のだが、それは「神は絶対である」という考えとは矛盾するという、キリスト教の重大な神学の問題になってしまう。この点については、のちに触れることにしよう。

天国の暮らし

むずかしい神学的な話はここまでにして、ともかく、天国には楽園のイメージが投影されたのである（図1－6）。しかし、いざ、具体的に描写するとなると矛盾も出てくる。聖書に示される天国の様子は、先にも記したように、都市そのものであって、楽園の自然豊かな田園イメージとは対極にある。先に掲げた中世の天国図から想像すれば、天国に迎えられた人びとは、現在のわれわれの感覚では、マンション暮らしということとなるのだろう。結局、「黙示録」の記述のような具体的な都市の姿としての表現はそれほど厳密には追究されず、雲の上に集う天使や諸聖人、善行を積んだ人びとといった選ばれた人間の姿を描くことで表現され、周囲の状況はぼやかされてしまう。

ところで、人が復活して裁きを受け、天国へ迎えられるのだが、復活した肉体は何歳の姿なのだろうか。死んだときの姿で復活するとなると、老人であったり、病人であったりするのだろうか。それではせっかく復活して天国にいてもあまり楽しくないかもしれない。この点も議論があったようだが、聖書にはそれを示す文言はなく、一般に、その人にとってもっとも良好な時期の姿で復活すると考えられた（考えたかった）ようである。天国では、みな健康であるということだ。ミケランジェロの『最後の審判』の壁画に描かれる人びとがみんな筋骨隆々としているのは、そのせいだろうか。

しかし、他方、近世イングランドでは重罪人の処刑として、遺体を切断するというものがあった。つまり、復活の際に五体が揃《そろ》った形ではないようにする、もしくは、細切れにして埋葬すらされない、ということで復活そのものを否定しようというわけである。この場合、復活時の姿と死亡時の姿が相似であることになり、やはり、ここでも明確な死後のイメージは示されていない。

ここで、本書の最初で触れた問題についても確認しておこう。キリスト教では、アリストテレス説を引き継いで、霊魂を持つのは人間だけであると考えたので、霊魂を持たない存在はそもそも復活や裁きの対象ではない。したがって、天国に行けるのは人間だけである。ということは、パトラッシュは天国の門前で追い払われることになるはずである。天国はペット連れでは行けない、となると現代社会では困る人も多いだろう。ペット・ロスによる心の痛みは、人の死以上の場合もあるのだから、長年連れ添った愛犬や愛猫がいない天国などは味気ないものかもしれない。また、この理屈では、天国には動物はいないことになる。これは、地上にあってさまざまな動植物にあふれる楽園と天国の大きな違いである。

さて、動物がいないとなれば、天国で松阪牛や神戸ビーフなどは食べられないことになるのだろうか。これまたグルメの人には困った話だ。では、天国の食事はどういったものだろう。復活した肉体で永遠の生を謳歌《おうか》するには、生きていくための基本である栄養摂取が必要なはずだが、何をどのように食べるのだろう。聖書には、そういったことは記されていないが、ただ、中世の煉獄思想（煉獄については後述）のハシリとされる修道士ヘンリクスの『聖パトリキウスの煉獄譚《れんごくたん》』（一二世紀）には、天上の楽園での「食事」についての記述がある。それによれば、神が『旧約聖書』にも登場する「マナ」と呼ばれる食物を与えてくれるのだが、問題はその摂取の方法である。日に一度、不思議な火花が天から降り注ぎ、それが体内に入り込むと、至高の美味を感じるという。つまり、食事という行為はなく、直接栄養が体内に注入されるのである。毎日の食物の確保に苦労した時代の人びとにとって、食事の心配をしなくてよい、というのはそれこそ天国にいるような気持ちであったのかもしれない。飽食の社会に生きるわれわれとは価値観が違うのだろう。

地獄

いまひとつ焦点の定まらない天国の様子に比べて、地獄のありさまは、かなり具体的にイメージされた。聖書にそれほど詳しい記述がないということでは天国と同じなのだが、永遠の平安の様子よりは、永遠の苦しみのほうがイマジネーションを刺激して思い描きやすいということなのだろう。いかにわれわれの生活が苦難に満ちているかを示しているのかもしれない。

中世やルネサンスの画家や彫刻家なども地獄を描くほうに情熱を傾けたようである。ミケランジェロの『最後の審判』も、ロダンの『考える人』のヒントとなった絶望の物思いに耽《ふけ》りつつ悪魔に地獄へ引き下ろされている人物像をはじめ、地獄側の図のほうが印象深い。日本の地獄絵も同様で、多くはきらびやかな御殿などを俯瞰《ふかん》でパノラマ的に描くばかりの極楽浄土の図に比べて、有名な国宝『地獄草紙』を筆頭に、地獄図となれば、さまざまな責め苦がこれでもかというばかりに、具体的に、微に入り細に入り、クローズアップで——しかも、なにがしかの諧謔《かいぎゃく》味さえ加えて――描かれているのと同じである。至福の世界を描いて人びとを激励するよりは、責め苦を描いて人びとを脅かすほうが、効果的であったということだろう。

聖書では地獄の苦しみは「火」と結びつけて語られることが多いため、図像表現でも、火炎が描かれるのがお決まりであった。中世人にとって、地獄とはサタンの王国で、罪人が永遠の劫火《ごうか》に苛《さいな》まれる恐ろしい場所と理解された。民衆への勧戒のために、中世以降数多くの造形作品が制作され、印刷術の発明後は書籍の木版挿し絵などで地獄図が流布した。

「最後の審判」の図には、人びとが地獄へ落とされる様子が描かれる。その場合、キリストの左手の側、つまり絵の右下に描かれる。これは、キリスト教では、右手が正しい（英語でも、「右」と「正しい」はともに「right」である）ものを、左手が邪悪なものを象徴するためである。つまり、キリストは左手で地獄に堕ちる人びとを指し示すのである。

こういった入口に地獄行きを命じられた人びとが悪魔に追い立てられてゆく。では、地獄へはどこから入ってゆくのか。一二世紀頃より、地獄への入口は怪物リヴァイアサン（「ヨブ記」四一章にもとづく）やドラゴンの口として表現されるようになり、そこから人びとが飲み込まれてゆくという表現が写本装飾などに多く見られる（図1-7）。中世に裕福な都市で市民によって上演された「聖史劇」（聖書の物語をいくつかのエピソードに分けて連続上演

図1－7　地獄への入口（1568年）

したもの）の舞台装置などにもこのイメージが取り入れられたという。

近世には怪物の口といった表現は廃れ、代わって洞窟《どうくつ》や建物の扉「地獄の門」が地獄への入口として表現されるようになった。ちなみに、ロダンの『考える人』は、大作『地獄の門』の一部で、門の上部に据えられている。地獄の門の一部なので、先に触れたようにミケランジェロの『最後の審判』を参考にしているのだ。上野の国立西洋美術館の庭に『地獄の門』の実物があるので、確認していただきたい。また、『考える人』単独像も『地獄の門』とは反対側に置かれている。京都国立博物館の庭にも『考える人』があるが、これらを複製《レプリカ》だと思っている人が多いようだ。本物を野ざらしにするはずがない、ということなのだと思うが、これらはれっきとした本物である。

地獄では、火炎地獄、釜《かま》ゆで地獄、針の山、といった責め苦が待ちかまえており、そこで悪魔に打たれたり、怪物にかみ殺されたりする苦痛が永遠に続くのだが、仏教の地獄に似ているので、容易に想像ができるだろう。こうした地獄イメージ形成に大きく影響したのが、ダンテの『神曲』（一四世紀初め）である。ダンテは、地獄を階層的に描写し、最深部に罪人を食らうサタンを置いた。また、ダンテは、地獄の入口には三つの頭を持つ地獄の番犬ケルベロスを配したり、冥府《めいふ》の川の渡しとしてカロンを登場させているが、これらはギリシア神話からの借用で、キリスト教本来のものではない。ダンテを通じて、異教神話の要素が入り込み、ルネサンス期の地獄イメージができ上がったのである。ミケランジェロの『最後の審判』にもカロンは登場するし（図1－8）、羽の生えた悪魔が人びとを背負って地獄へと向かう姿は、『神曲』「地獄篇」三章の記述にもとづいている。地獄だけでなく、天国やつぎに述べる煉獄のイメージにもダンテの影響は色濃く現れる。

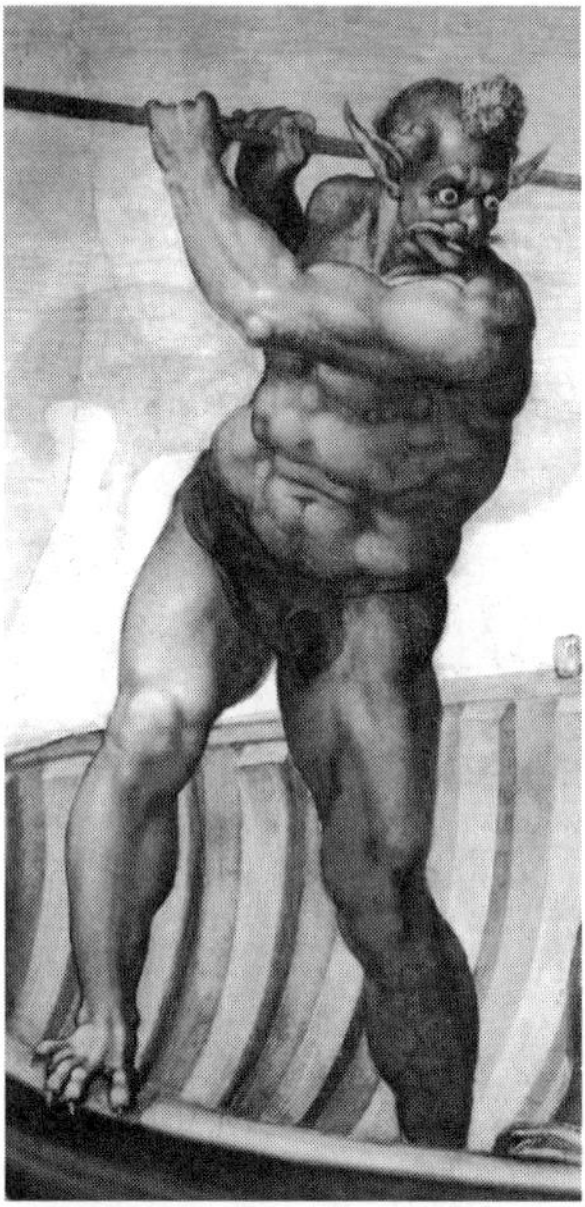
図1－8　ミケランジェロ『最後の審判』に描かれたカロン

最後の審判はいつ

ところで、「最後の審判」はいつなのだろう。世界の終わりはいつやってくるのか。「最後の審判」という考え方は、世界の終末が来ないと天国が実現しない、すなわち魂の救済が成就しないということである。この問いに関して、ごく初期のキリスト教信者は、あまり深く考えていなかったといわれている。イエスの再臨は、それほど先のことではない、まもなく（つまり、「いつか」などということを考えなくてよいほど、すぐに）「最後の審判」がおこなわれて、自分たちキリストを信じる者は天国へ行ける（当然、彼らを迫害した者は地獄行きである）と考えていたのである。

ところが、時間が経っても、イエスは戻ってこない。どうも「すぐ」というわけではなさそうである。では、いつなのか。これは神学の重要な問題となり、いろいろな考え方が提起された。もちろん、その根拠は聖書に求められた。

まず、世界の歴史を六つの時期に分ける六時代区分という考え方が基本になった。天地創造が六日間でなされて、七日目に神は休まれた、という聖書の記述が世界の歴史全体のモデルになっていると考え、最後の休息の日が天国を意味すると理解する。そうすると、アダムの創造から「最後の審判」までが六日間になる。もちろん、たった六日はありえないので、この一日を一〇〇〇年と考える。なぜ一〇〇〇年なのかというと、『旧約聖書』の「詩篇」（八九〔九〇〕章四節）に「なんじの目前には千年もすでに過ぐる昨日のごとく」という文言があり、神の一日は人間の一〇〇〇年にあたるというわけである。そうすると、天地創造から「最後の審判」までは六〇〇〇年になる。

つぎに、今われわれは、どの時点にいるのかがわかれば、「最後の審判」までの時間がわかることになる。そこで、イエスの誕生が五〇〇〇年目にあたると考えた。それは、「イエスは第二のアダムである」という考え方にもとづく。アダムの罪によって堕落した人類に救いをもたらすため神によって遣わされた存在であり、永遠に神とともにある新しい世界への導き手ということである。アダムの創造は天地創造の最終日、六日目なので、天地創造から五〇〇〇年（つまり神の五日間）が経過したあと、ということになる。そうすると、「最後の審判」は六日目の終わり、すなわち西暦一〇〇〇年になる。ちなみに、キリストの生誕年を一年目とする、いわゆる「西暦」ができ上がるのは、六世紀前半のことで、普及するのはさらにのちであるが、ここでは話をわかりやすくするために、西暦で話を進めよう。

これが、「至福千年」とか「千年王国」といわれる考え方で、実際、中世にはかなり信じられ、紀元一〇〇〇年に世界が終わる、すなわちイエスが再臨すると考えられた。さらには、イエスの再臨はその年のいつなのか、も心配になる。もちろん聖書に記載はないが、広く信じられたのは一二月二五日、イエスの誕生日と考えられた日である。降誕と再臨が同じ日、というのはわかりやすく、理屈を超えた説得力もある。クリスマス前の待降節《たいこうせつ》（アドヴェント）は、イエスの誕生日を祝うための準備期間であるとともに、「最後の審判」への覚悟を固める日々でもあった。

ところで、こうした論理の展開に違和感を感じる人もいるかもしれない。すべてが聖書のなかの記述にもとづき、しかもかなりこじつけのように思えるだろう。しかし、中世においては、聖書が唯一至高の「正しい」権威であるのだから、その記述だけにもとづくのは、真実を見つけ出すために、むしろ当然のこととされた。実際の神学では、聖書を読み解き、理解するために、プラトンやアリストテレスなど古代の哲学者の著作も参照・援用されたが、基本は聖書であった。

さらに、「予型論《タイポロジー》」という考え方が、中世神学の基本にあった。『新約聖書』に記されること（イエスの事績）は、『旧約聖書』のなかにそれを示唆する予兆（予型）が記されている、という理解である。ただ、予型はあからさまに書かれているわけではなく、ほのめかしや比喩《ひゆ》、行間を読み取らなくてはならないことが多い。もともとがユダヤの教典である『旧約聖書』をイエスの言行録とともに聖典としたキリスト教が、必然的にもった歴史理解の構造である。書店で市販されている聖書のなかには「引証付き」というものがあって、新旧両方に、お互い対応する箇所を示す注記がなされている。

現在でも、一部のキリスト教系の集団において、一〇〇〇年という区切りは、特殊な意味合いをもち、西暦二〇〇〇年にはイエスの再臨を信じる人びとが各地でさまざまな行動を起こした。なかには、世界が終わるので、先に天国へ行くといって集団自殺をした教団などもあった。イギリスのテレビ放送局は、この「二〇〇〇年問題」を取り上げて、じつはイエスの生誕は紀元前四年なので、もう四年前に二〇〇〇年目は過ぎており、そういった終末は来なかったのだ、といった説明を加えた教養番組まで作っていた。日本では、二〇〇〇年問題といえば、コンピューターの誤作動への懸念で大騒ぎになったが、また別の二〇〇〇年問題も進行していたのである。

こうした「一〇〇〇年」にこだわる人びとは、現在のカルト的な教団だけではなく、歴史的にあちこちに登場する。イギリスでは一七世紀のピューリタンの思想と結びついているが、ひとくちに「千年王国思想」といっても、みんなが同じように解釈するわけではなく、大きな違いがある。その解釈の違いが教派の分裂をもたらすことも多かった。

アウグスティヌスの六時代区分

さて、実際には紀元一〇〇〇年にはイエスの再臨や「最後の審判」はなかったわけだが、それ以前に、こういった考え方は教会人の間でも危険視されていた。具体的に世界の終末時期を設定することで予期される社会的な混乱への懸念はもちろんとして、ローマ帝国の国教とされた後のキリスト教は、「体制側」に立つことになり、迫害時代のように素朴に再臨を待ち望むことはできなくなっていた。教会という組織を守ることが第一になったのである。

こうした状況に合わせて、先の六時代区分を改変したのが、アウグスティヌス（三五四～四三〇年）である。中世カトリック神学の基礎をつくったアウグスティヌスは、教義から終末論的な色彩を巧みに払拭《ふっしょく》する。彼も、六時代区分説が出発点とした「創世記」の六日間が世界の歴史の予型であることは認め、世界の歴史は六つの時期に分けられるとする。しかし、その長さは、単純に六〇〇〇年というわけではないとする。そして、次の六つの時代を提唱する。①アダムから始まる時代、②ノアから始まる時代、③アブラハムから始まる時代、④ダヴィデから始まる時代、⑤バビロニア捕囚《ほしゅう》から始まる時代、そして⑥イエスから始まる時代である。われわれが最後の時代にいることは、それ以前の六時代区分と同じであるが、アウグスティヌスが提唱した区分は、聖書に描かれる重要な出来事をもって区切られており、現在のわれわれが歴史をその時期ごとの特徴によって時代を区画するのと同じ発想である。その結果、各々の時代の長さは不均一となる、ということがこの区分のポイントである。第六番目の時代の長さ、つまり「最後の審判」までの時間も、法則的に決まっているわけではなく、どれくらいになるかはわからない、ということになる。その時期を知るのは神のみであって、人間の知るところではない。

アウグスティヌスは、結果的に、「最後の審判」を未来のはるか彼方に押しやり、われわれが考える必要のない問題としたのである。では、「最後の審判」がはるか未来ということになれば、それまで神の国は実現せず、人びとの魂は救われないのか。これに対し、アウグスティヌスは、いや、イエスの死によってすでに神の国は実現していると説く。神の国のこの世での（不完全ながらも）現れが教会であり、それを通じて人びとは救われる、というわけである。結局、このアウグスティヌスの考えが、その後のカトリック教会の公式の見解となった。そのため、現在の教会ではあまり「最後の審判」について触れることはない。それに対して、新興のカルト系教団などでは、終末論を強調するものが多いのは先に触れたとおりである。

2　煉獄

煉獄の誕生

「最後の審判」がはるか彼方へ押しやられてしまったとすると、死から審判まで、死者の魂はどこにいるのだろうか。墓のなかでじっとしているのか、それとも特別な待機場所があるのだろうか。霊魂を抽象的な存在とは考えなかった中世の人びとにとって、自分の魂が死後どこへ行くのかは、素朴ではあるが、切実な疑問でもあった。しかもかなりの長期間である。暗い土中の墓のなかでひたすら待ちつづけないといけないと考えるのは辛《つら》かっただろう。

また、文句なしに天国へ行けるほどに善行を積んでいなければ、地獄行きは確定なのだろうか。世のなか、人が生きていく間にはなにがしかの罪を犯すもので、自信をもって自分は天国へ行けると考える者はまれだろう。あのときのちょっとした不正が自分を地獄に引きずり込むのだろうか。商人や金持ちはもっと心配であった。聖書には金持ちが天国へ行くのはラクダが針の穴を通るよりむずかしい、とある。また、商人はその生業が卑《いや》しいとされ、やはり天国への道は閉ざされていた。

こういった問題に答える「装置」として登場したのが「煉獄」である。煉獄とは、何らかの罪を犯してはいるが地獄に行くほどではない、かといって、罪を犯しているためすぐには天国へ行けないような霊魂が、罪に応じた苦しみを受けることで浄化され、「最後の審判」を待つ場所である。ラテン語では purgatorium と呼ばれるが、それは「浄化する purgare」という動詞に由来する。その意味をとって「浄罪界」と訳されることもある。つまり、たいていの人びとの魂は、この煉獄へまず向かい、そこで「最後の審判」までを過ごすということになる。

こうした煉獄思想は、アウグスティヌスや教皇グレゴリウス一世（五四〇?〜六〇四年）

など、正統教義の確立に寄与したラテン教父にすでに見られ、カトリック教会や東方正教会に継承されていった。スコラ学によって整備、体系化され、一二世紀にはほぼ完成したとされる。一三世紀に教皇イノケンティウス四世が承認し、一二七四年の第二回リヨン公会議で正式教義とされた。商業の発達にともない、豊かになった商人の救いの問題が切実になってきた時期であり、素朴な千年王国実現への期待も外れた頃である。

煉獄の様子

では、煉獄とはどういったところと理解されたのだろう。聖書に記述がないので、煉獄を目撃したとか経験したとかいった記述が必要となる。たいていは、煉獄に赴いてその様子を体験したのち、この世に戻って、その様子を伝える、という構図になっている。日本でも、何らかのいきさつで地獄を見る機会を得た高僧などが、息を吹き返した後に地獄の様子を語る、といった話があるのとよく似ている。一二世紀に成立した『トゥルクダヌスの幻視』では、ほとんど地獄と変わらないような耐え難い苦痛が語られる。それに対して、ダンテの『神曲』では、罪の程度や事情に応じて階層化され、その厳しさには相当な違いがあり、なかにはほとんど苦行らしきものがない階層も描かれる。

それでも、基本となるイメージが地獄にあるのは確かで、悪魔や悪霊による責め苦、灼《しゃく》熱《ねつ》や寒冷、針の山や剣の山によってさいなまれ、蛇《へび》や蛙《かえる》の餌食《えじき》となる。地獄と煉獄を分かつのは、そういった苦しみが有期で軽減も可能であるのか、軽減されることなく永遠に続くのか、という違いである。

煉獄は魂を浄化する場所であるが、浄化をもたらすのは「火」というイメージがあったようで(「煉獄」という漢字表記にもそのニュアンスが生かされている)、煉獄の苦しみは火と結びつけられた。そのため、現世に残った人びとが、死者のために水を撒《ま》くと、煉獄の火を和らげることができる、といった迷信も生まれたようである。

では、煉獄はどこにあるのだろう。天国や地獄と並べられるので、異世界のようにも思えるのだが、エデンの園と同じように、この現世と地続きで存在すると考えられた。つまり、「最後の審判」以前に機能する場所であるから、「来るべき」天国とは異なるのである。煉獄への入口は、アイルランドのダーグ湖に浮かぶステイション島であるとか、シチリアのエトナ火山の火口であるなどとも考えられた。先に紹介した『聖パトリキウスの煉獄譚』は、前者の島にある修道院の坑《あな》から煉獄へ入った騎士の話である。エトナ山は、煉獄の火のイメージが火山と結びついたのだろう。煉獄がこのようにこの世にあって、われわれの社会と行き来できる場所であるということは、煉獄にまつわるさまざまな信仰や迷信と結びつくことになるが、それは折に触れて述べることにしたい。

死者のための祈り

煉獄の思想が定着すると、それを前提とした教義が作られてゆく。その代表的なものが、死者のための祈りの効用である。つまり、われわれが死者のために祈りを捧げると、その功徳《くどく》によって、煉獄での苦しみが軽減される、というものである。祈りと軽減の関係は、わかりやすくいえば、祈りの量（回数）が多ければ多いほど、それに応じて、苦しみもより多く軽減される、とされた。

祈りの質よりは量が重要であったため、裕福な人びとは、葬儀の際に貧民を集めて、参列して死者のために祈りを捧げるように求め、その見返りに施しを与える、といったことがおこなわれるようになった。こうして、何十人何百人という貧者が金持ちの葬儀に参列することになったが、その数の多さは、そのまま葬儀を出す側の豊かさの指標と見なされたのである。

さらに、葬儀の際だけではなく、死後も、死者のためのミサを何度もおこなうことで、継続的に祈りを確保する手段が講じられた。教会で特定の死者のためにミサを執りおこなってもらうためには、それ相応の費用負担を必要としたので、なにがしかの財産を教会に遺贈することも普通であった。「寄進礼拝」といわれる習慣である。今時の日本ふうにいえば、永《えい》代供養料《たいくよう》といったところだろうか。しかし、それだけでは心許《こころもと》ないと思えば、聖堂内に特定の人物もしくは家族専用の祭壇を設け、専従の聖職者を雇用することもあった。維持費や人件費をまかなうために、それなりの土地財産が遺贈された。

こうした特定の個人もしくは家族のための祈りを引き受けた組織は、町や村の教区教会ばかりではなく、もっぱら祈りをおこなう施設であった修道院も多くの人びとの寄進の受け入れ先となった。こうして、中世の間に、教会、とくに修道院は、人びとからの寄進によってその財力を蓄えていったのである。

修道院への寄進では、縁者の命日などに貧者に施しをおこなうことを求める場合も多かった。「毎年、何月何日、父親の供養のために貧者にパンを二〇〇個、魚を何匹、衣服を何着」といった類《たぐ》いの施しをおこなうことを寄進の条件にしたのである。もちろん、こうした喜捨は善行として煉獄の苦しみを緩和する役割を果たしたし、施しを受けた者は、その人のために祈ることが求められ、死者のための祈りもまた功徳となった。貧民たちは、あちこちで配られる施物をもらって回ることで、命をつなぐ最低限の糧《かて》を得たとも考えられている。中世社会における福祉、社会のセーフティネットのあり方、といってもよいだろう。

こうして「祈り」を確保してもまだ安心はできない。みんなが祈り、救済を願うなか、自分の祈りが他に紛れて届かないのではないか。そうした不安を和らげ、さらに救いを確実にするために頼りにされたのが、仲介者としての「聖人」であった。聖人とは、殉教者や高徳の聖職者など、常人とはかけ離れた功徳によって、「最後の審判」を待たずに神のもとに召されていると考えられた人びとである。当然、聖人たちは神にも信頼されているわけで、彼らに神へのとりなしをお願いしようというのである。

そうした聖人のなかでもっとも信頼を受けたのが聖母マリアであった。なにしろ、イエスの母親なのだから、そのとりなしはきっと聞き届けてもらえるに違いない。かくして、教会内にはマリア像をはじめとしてさまざまな聖人の像が並ぶことになる。むしろ、イエスよりもマリアや聖人のほうが偉い存在であるかのように、人びとの信仰を集めていく。アメリカの作家マーク・トウェインのヨーロッパ旅行記『赤毛布外遊記』（一八六九年刊行）にも、ヨーロッパのカトリック教会でのイエスの影の薄さを皮肉たっぷりに描写した記述が見られる。

免罪符の功罪

祈りを重ねるのは、手間も時間もかかる。もっと直截《ちょくせつ》に救いを引き寄せたい、と考える向きには、「免罪符」という手もあった。教会が販売したもので、犯したさまざまな罪に対して教会が課す罪の償いを軽減する――要は、金で処罰を許してもらう――というものである。とくに有名なのが、教皇レオ一〇世がサン・ピエトロ大聖堂の改築費用を捻出《ねんしゅつ》するた

図1-9　免罪符の販売

めに、ドイツを中心に販売され、マルティン・ルターの批判から宗教改革を引き起こしたものである（図1-9）。

「免罪符」という字面から、罪を帳消しにしてもらえる、というふうに理解されるが、教義的には、罪そのものが消えるのではなく、その償いの軽減であるので、「贖有《しょくゆう》状」というほうが正確だとされる。しかし、教義的な建前はともかく、実際に購入した人びとの多くは、これを買えば罪が許される、つまりは煉獄での苦しみが軽減される、というふうに理解したことは間違いない。有名な「免罪符を買うために払ったお金が料金箱で音を立てると、魂は天国へ向かう」といった当時の言葉がそれを如実《にょじつ》に示している。まさに、地獄ならぬ、煉獄の沙汰《さた》も金次第、というわけだ。ルターの煉獄批判、カトリック教会批判もここから発するため、たいていは否定的に述べられる事柄である。しかし、教会の思惑はともかくとして、信徒からすれば、喜捨をしてお札《ふだ》をいただき、天国への道をさらに確実なものにしようという行為自体は、それほど非難されることなのだろうか。これが駄目なら、たとえば日本の巡礼やお札参りの功徳はどうなるのだろう。やはりよからぬ迷妄《めいもう》として否定しなくてはならないのだろうか。ここに教義と信者の素朴な思いのズレがある。

そもそも原則論として、地上における神の代理店である教会に財産・金銭を寄進すること自体は、ルターが否定するまで、善行と見なされていた。そうした善行の積み重ねが天国行きをより確かなものにしてくれたわけである。それを免罪符という形で証明してくれたと考えればどうだろうか。よいことをすれば、天国に行ける、というきわめて素朴な感情をお札で可視化するわけだ。もちろん、そうして集めた金を堕落した教会が恣意《しい》的に使用したことへの批判はあるだろうが、それと善行を積むことで神のもとへ行けるという考えはまた別の事柄だろう。ルターは教会の堕落を糾弾することで、人びとの素朴な来世観を否定してしまったのである。

聖書には煉獄についての明確な記述がないことが、プロテスタントによる煉獄批判を招くことになった。一応、『旧約』外典の「マカベア書」や『新約聖書』の「マタイによる福音書」「ルカによる福音書」などの記載の「解釈」を根拠としているが、聖書主義のプロテスタントを納得させるには無理があった。また、煉獄の苦しみと祈りによるその軽減の関係にも、素朴な疑問点や他の教義との矛盾があるのも確かである。たとえば、煉獄の苦しみが軽減されるとは、煉獄での責め苦が穏やかなものになるということなのか、それとも責め苦を受ける期間が短縮されるのかも曖昧である。軽減されたり短縮されたりするとなれば、ダンテの描く世界に当てはめるなら、より上層の階層へステップアップするということなのか。

ステップアップ型の理解であるとすれば、祈りや免罪符の力を積み重ねてゆけば、「最後の審判」よりも前に天国へ行くことができる、ということになりかねない。それでは、「最後の審判」の教義と矛盾してしまう。ステップアップがかなわなければ、いつともしれない「最後の審判」を、煉獄でずっと待つことになるのだろうか。たとえ軽減されたにしても苦しみがそれまで続くのだろうか。じつは、ここに、キリスト教の天国観、救済観の大きな問題が横たわっている。

その問題をより明瞭《めいりょう》にするために、ここで、中世末に広く受け入れられた「往生術」についで見てみよう。

3　往生術

臨終マニュアル

「往生術」というのは、文字通り、いかに死を迎えれば魂が天国へ迎えられるか、ということを説いた、臨終の際のマニュアルである。死の最後の瞬間まで、悪魔は魂を地獄に引き入れようとあの手この手で誘惑してくるので、それに惑わされることなく、正しい死を迎えなければならない、という教えを説いている。一四世紀の黒死病による死の恐怖の高まりによってもたらされた「死を想え《メメント・モリ》」の伝統の流れに位置する作品といえるが、一五世紀の前半にはラテン語版テキストが完成したとされる。すぐに各国語訳や要約版も登場したが、要約版には、一五世紀後半にはブロックブックという木版によるテキストと木版画挿し絵を組み合わせたもの（和本と同じような印刷技法）も作られ、書物の歴史においても重要な位置にある。ここでは、挿し絵で視覚的にわかりやすく内容を示したブロックブック版をもとに内容を見てみよう。

基本的には、死の床にある者の周りに集まった悪魔による誘惑とその誘惑から逃れる方法の二図ずつのセットが五組と、最後にめでたく昇天する魂を描く一図の、合計一一図で構成

図1－10 「往生術」図版

されている。

まず、第一のセットでは、死にゆく者に、お前の生前の信心は足りなかったので天国へ行くのはむずかしい、と悪魔たちが吹き込んでいる。この不安に負けて、信仰が揺らぐと、魂は地獄へと連れて行かれることになる。そのさまを枕元《まくらもと》のイエスや聖母マリア、父なる神が見守っている。これに対応する二番目の図では、強い信仰心さえ持てば天使が迎えに来てくれるのだから、心配することはないと説く。

第二セットでは、まず、犯した罪を列挙し、さまざまな悪行をはたらいたので天国行きは無理だと悪魔たちが責め立てる。それに対応する次の図では、ペテロやパウロ、マグダラのマリアなどの聖人が、犯した罪は障碍《しょうがい》にならないことを示す（図1－10）。イエスの最初の弟子ペテロですら、イエスが捕らえられたとき、朝、鶏が鳴くまでに三度もイエスの仲間であることを否定したし、はじめキリスト教徒を迫害していたパウロも回心することで聖人となり、マグダラのマリアも自らの過《あやま》ちを悔い改めることで救われたのである。

第三セットは、看病する家族が勧める治療を拒む姿を描く。悪魔は病の苦しみの不公平さを説き、神を恨ませようとしている。これに対し、イエスをはじめ、さまざまな殉教者が枕元に集い、殉教の苦しみこそが天国へと導くのだと諭している。

第四セットでは、悪魔が死にゆく者に王冠を次々と差し出し、傲慢《ごうまん》の心を生じさせようとしている。慢心した魂は地獄へ向かうのである。これへの対処として、天使たちが、謙虚さこそが天国の門を開くのだ、さもなくば、地獄の業火へと飲み込まれてしまう、と諭す。

図1－11　天国へ迎えられる死者の魂

最後のセットは、この世の富や家族への執着を戒める。悪魔たちが、床に伏せっている間にも使用人が馬を奪い、酒を盗み飲みしていると告げ、あとに残される家族への心配をかき立てる。これに対して、あとは神に任せれば何も心配することはない、と説く。

そして、一一枚目の最後の図では、これらの心の試練を乗り越えて、いままさに臨終を迎えた魂（小さな似姿として描かれる）が、天使の手に抱かれて、悔しがる悪魔たちを尻目《しりめ》に、天国へと導かれるさまが描かれる（図1－11）。この最後の図でわかるように、往生術で示されるのは、テレビアニメの『フランダースの犬』のネロのように、死後すみやかに天使によって魂が天国へと運ばれてゆく、という天国観である。

では、「最後の審判」はどうなるのか。「往生術」に従えば、「最後の審判」は免除されるのだろうか。じつは、もともと、聖書のなかには、「最後の審判」による集合的審判による救済と、死後すぐに死者の魂が天上に迎えられるとする個人的審判による救済の二つが混在している。「最後の審判」の根拠が、「ヨハネの黙示録」にあるのはよく知られているが、後者の天国直行パターンは、「ルカによる福音書」に述べられる、金持ちとラザロの逸話に根拠が求められる。金持ちであるがゆえに地獄に堕ちたある男が、ふと天上界を見上げると、そこには貧者であったラザロという男が、神の側近《そば》くにいるのが見える。そこで、自分もそこへ呼んでほしいと頼むが、にべもなく拒否されるというもので、金持ちが天国へ行くのはむずかしい、ということを説いているのだが、前後の記述からも、貧者ラザロは死後すぐに天国に迎え入れられていると解釈できる。つまりは、「最後の審判」という黙示録にもとづく教説とは別個の救済観が述べられていることになる。

このふたつを同時に成り立たせるのは、至難の業で、整合的な説明はなされなかったようである。おそらくは、アウグスティヌスによって「最後の審判」が未来の彼方へ追いやられたこととの裏返しとして、「ルカによる福音書」に依拠する、よりわかりやすい来世観が受け入れられたのかもしれないし、教会もあえて、そこに白黒をつけなかったのだろう。いずれも聖書の記述にもとづくわけで、どちらか一方を選ぶわけにもいかなかったのは理解できる。もちろん、ラザロがいるのは、天国そのものではなく、「最後の審判」までの仮の場所である、という解釈も可能ではあるが、それでも、金持ちが苦しんでいる地獄はどうなのか、この金持ちも「最後の審判」を経ずに地獄に落とされているのか、といった問題が残る。こうなるともう、普通の庶民の理解を超えてしまうだろう。

ちなみに、『フランダースの犬』であるが、原作ではルーベンスの絵を見たネロは夜が明けたら息を引き取っていた、と描かれるだけである。また、アニメでも、リメイクされた映画版（一九九七年）では、あの有名な昇天場面がない。ただ、ネロの亡くなった場所に不思議なキラキラとしたほのかな光が描かれるだけである。あの劇的な場面とは対照的であるが、「最後の審判」の教義（および犬の天国行きはかなわないというルール）との整合性を図った結果であるのかもしれない。

善行を積み、モラルを高く保てば、死後すみやかに神のもとへと行くことができる。これは、庶民としてはもっともわかりやすい来世観だろう。しかし、いかにも因果応報的なこうした世界は、プロテスタントの来世観とは相容《あいい》れないものであった。つぎに、プロテスタントの考える天国を見てみよう。

4　プロテスタントの来世観

宗教改革による教義の変化

カトリック教会の考えでは、神と人間を取り結ぶのは教会だけだとされる。現世で神の国を代表する教会を介すことなく、人間は神と直接コンタクトをとることはできないし、神も直接個人に語りかけることはしない。したがって、人間が直接神の声を聞くことは、普通ではありえないことであり、もし聞いたと主張するなら、それは神を騙《かた》った悪魔のささやきの可能性が高いわけである。有名なジャンヌ・ダルクが魔女とされ火あぶりにされた裁判の有罪の根拠のひとつが、神の声を聞いたという彼女の証言をどう判断するかであった。貧しい農家の娘に、教会を介することなく、神が直接語りかけるはずがないとなれば、それは悪魔の言葉である、という論理になる。同じように、近現代になっても頻発する聖母マリアに出会ったという証言（その多くは子どもによるものである）に対しても、教会はすぐに承認することはない。本当に聖母であるのか、悪魔のたぶらかしではないのか、悪魔の存在を前提とする限り、教会としては慎重に判断せざるをえないのである。

教会が人と神を結ぶ唯一の回路ということは、教会が正しいと認めた教義だけを人びとに伝えるということでもあった。そのように書くと、教会の傲慢さの現れのように聞こえるかもしれないが、先にも記したように、聖書の記述は曖昧な箇所や矛盾があり、何らかの「権威」をもって整理して伝えないと混乱が生じるに違いない、という懸念の結果でもある。実際、この懸念は宗教改革とその後のキリスト教世界で現実のものとなった。エラスムスは、その聖書原典の研究によって宗教改革を準備はしたが、最終的には宗教改革者と袂《たもと》を分かった。聖書解釈を個人に任せたなら、解釈をめぐって無数の分派に分裂し、混乱しか生み出さないと考えたからである。聖書原典をよく知るがゆえの懸念であろう。実際、プロテスタントは分裂をくり返し、幾多の教派に分派したことは歴史の示すところである。

教会が神と人間の仲介を一手に引き受けたことが、免罪符といった教会の堕落をもたらしたと考え、人は神の言葉である聖書を読むことで、直接神とつながることができる、と唱えたのがルターの宗教改革の思想である。聖書を読めば、そこに神の言葉がそのまま書かれているのだから、教会によってフィルターをかけられ、アレンジされた解釈など必要ないというわけである。つまり、キリスト教の教義は、すべて聖書に書かれており、聖書に根拠を持たない教義は認められないという「聖書主義」の立場となる。言葉の妥当性はともかくとして、原理主義的な立場といってよい。これに対して、カトリック教会は、聖書の権威はもちろん否定しないが、イエス以降、教会すなわち神の国の地上での現れがたどってきた歴史そのものにも相応の「権威」があり、教義に反映されるべきであると考える。

聖書原理主義に立つプロテスタントでは、聖書に根拠を持たないカトリックの教説を否定することになる。前節で取り上げた煉獄はその攻撃を受けた教説の最たるものであった。煉獄思想こそが、教会の堕落の根源であり、信者から金を巻き上げるために教会が作り上げた迷信に他ならなかった。煉獄など存在しない、これがプロテスタントの世界観となる。

神の絶対性をより重視するプロテスタントの立場からも、人間の魂の救済について、カトリックとは正反対の考え方に至ることになる。カトリックによる「善行を積み重ねれば、天国へ行ける」という考えが、死者への祈りや免罪符を通じて、結局は金で救済を買うのと同じとなり、教会の堕落をもたらした、と考えたルターは、魂の救いに必要なのは信仰だけである、その信仰の拠《よ》りどころは絶対者である神の言葉、すなわち聖書以外にはないとする。

こうした思想をルターは一五二五年に『奴隷意志論』という著作で明らかにした。これは、直接には、その前年に発表されたエラスムスの『自由意志論』への反論として書かれたものである。つまり、人は自発的な意志で善行を積むことで救われるとするエラスムスに対して、ルターは、救済はそうした善行とは無関係で、すべては神の恩寵《おんちょう》次第であり、人は神の意志に奴隷のように従うのみであると主張した。

この神の意志を絶対と考える流れは、カルヴァンの予定説でさらに推し進められる。カルヴァンの思想にとって予定説は中心的なものではない、ということもいわれるが、カトリックの教説と比べる際、そこに大きな意味があるのは間違いないだろう。

予定説を世界観として大ざっぱにまとめてしまうなら、この宇宙は神の創造物であり、絶対的な存在である神は、その創造物の初めから終わりまでを完全にプログラミングしている。つまり、天地創造から「最後の審判」に至るまで、この世界のすべてが神の計画通りに進んでいる。当然、被造物である人間の営みもすべて神の計画に従っており、その将来も既定のことである。個々の人間が天国へ行けるかどうかも、初めから（つまり生まれる前から）決まっており、それが変更されることはない。

したがって、善行を積み上げたからといって既定の計画が書き替えられることはないし、神が計画を変更することはない。人間の願いによって、変更可能であると考えるのは、神がその決定を撤回・修正するということであり、当初の計画にミスがあったということで、神の絶対性を否定することになる、という理解である。

逆にいえば、神は絶対的な存在であるという前提に立てば、祈りに何らかの効果を期待することは無意味であり、祈りに特化した組織である修道院もナンセンスであり、その存在は無益ということになる。こうして、プロテスタント諸地域では「祈り専門の施設」であった修道院が解散させられ、その財産は国王などの手に渡ることになった。もちろん、イギリスのヘンリ八世のように宗教改革によって修道院を解散した君主たちにとっては、教義の貫徹というよりは修道院の豊かな財産目当てであったともいえるのだが。

煉獄の否定と天国

プロテスタントの聖書主義は聖書に明確な根拠を持たない煉獄を否定してしまったが、それでは、煉獄がないとすれば、「最後の審判」までの期間、死者の魂はどこにいるのか、ということが問題になる。すぐに天国へ向かうなら、聖書に明記された「最後の審判」の否定につながってしまう。

これは、神学的には困難な課題であり、聖書の文言だけからでは、明確な答えを出すことはできなかった（だからこそ、中世カトリック教会は、煉獄という場所を想定したのである）。

そこで、聖書の典拠は曖昧ながら、古くから広く信じられた「イエスの冥府下り」の伝承などにもとづいた「リンボ」観を援用する場合もあった。リンボは、ラテン語で「縁辺」を意味するlimbusに由来し、地獄と天国の中間に位置する。冥府下りとは、イエスが埋葬から復活までの間に、冥府（リンボ）へ降りて、そこに留められていたイエス誕生以前の時代の正しい人びとを救い、天国へ連れていったというエピソードである。ただ、このイエスの「冥府への降下」については、プロテスタントでも宗派によって理解はさまざまであった。ルター派では、どちらかといえば、字句通りイエスが冥府に下ったと理解し、カルヴァン派ではもっと象徴的に「死」を表現したものととらえた。

イエスは、金曜日に処刑され墓に納められたが、日曜日にマグダラのマリアたちが墓を訪れてみると、復活を遂げて、墓は空であったという聖書の記述からは、その間のいつイエスが復活したのかは、はっきりしない。冥府に「下った」としても、そのときイエスはすでに復活を遂げていたのか、それとも、復活以前であって、イエスの魂だけが降下したのか。いったい、イエスが復活したのはいつなのか、イエスの魂が降下したとするなら、その間、彼の肉体は埋葬された墓のなかにあったのか、といったことが議論されたのである。

リンボという領域設定は、洗礼を受ける前に死んでしまった幼児の魂が赴く場所としても理解された（幼児のリンボ）。これは、イエスによる救済以前に死んだ正しい人の霊魂が住む場所とされた「父祖のリンボ」とも呼ばれるものとはまた別の場所であったが、教義上フォローできない魂の居場所として便利に理解されていたともいえる。ただし、リンボはあくまで一時的な居場所で、魂の浄化とは結びつかない点で、煉獄とは根本的に異なるものとされた。洗礼を受けずに亡くなった幼児の魂が救われるのかどうかは、いまだに神学上の議論が続いている。

もっとも、初期キリスト教徒と同じように、イエスの再臨が間近に迫っていると考えた千年王国思想を奉じるような一部のラディカルなプロテスタントは、こうした死者の魂の居場所について、それほど深く考える必要はなかったようだ。概して、プロテスタントは死後の魂の居場所に関して、カトリックの煉獄のような詳細で明快な見取り図を示すことはなかった。

5　救済観の激変

施しの否定

宗教改革が修道院や俗人による信心会といった存在を否定したことは、そうした宗教団体が運営していた病院を含む従来の弱者救済の担い手の消滅をも意味した。これらの施設の存在は、富を蓄積し堕落していたという批判はあるものの、中世ではある種の福祉制度のような役割を果たしていたのである。葬列に加わり死者のために祈ることで、わずかでも食物や金品を受け取り、修道院で寄進者の命日に施されるパンなどで命をつなぐことができた最底辺の人びともいた。そうした善行の功徳の否定は、修道院や宗教ギルドが存立する前提の否定であり、貧者の生きる糧を奪うものでもあった。しかも、修道院や宗教ギルドが解散させられた後の代わりの受け皿となることを期待された教区教会やそこで働く聖職者は、教会財産の収奪やインフレによって経済的に疲弊しており、余裕はなかった。

イングランドの場合、初期の宗教改革者は、修道院が解散させられ、その財物が貧民に広く配布されれば、貧困の問題は解決すると信じて、宗教改革を主張した。しかし、ヘンリ八世がこうした主張を利用して修道院解散を断行しても、解散させられた修道院の財産は王侯貴族や新興地主の手に渡り、貧者には少しも回ってこなかった。それどころか、中世的福祉の担い手が消えてしまったため、わずかな施しすらなくなってしまった。宗教改革以前より悪化した状況を、自嘲《じちょう》気味に嘆く声が改革者から聞こえたのである。

なぜ宗教改革者はこうした施しを否定したのか。いささか教科書的で類型的な説明だが、予定説と社会的弱者への施しの関係を述べておこう。予定説に立てば、祈りや善行が無意味であることはすでに述べたとおりである。魂の救済の手段として弱者への施しという善行を想定することはできない。予定説では、現世での成功は神が嘉《よみ》したもうた証《あかし》、つまり自分が

「選ばれている」証と考えられた。成功した者は「はじめから」天国行きが決まっていて、それゆえに成功したのであり、彼らこそが天国の門をくぐるわけである。中世の商人たちが、自らの富を恥じ、煉獄という緩衝地帯を必要としたのとは対照的に、現世での成功を肯定し、引け目を感じる必要はなくなったのである。そうなれば、引け目の裏返しとしての施しや善行も必要なくなる。

さらに、成功者とは反対に、社会的弱者は、善行を受ける対象としてしかるべく用意されている存在——「神の貧者」——ではなく、堕落した、神に見放された人びと、すなわち魂の救済がかなわない人びと、地獄行きが「はじめから」決まっている罪人《つみびと》と見なされたのである。そうなると、神が否定した罪人に手をさしのべること自体が、無意味のみならず、神の意志に逆らうことにもなりかねない。

かくしてプロテスタントの地域では社会的弱者への施しやホスピタリティは消え去った、といい切れれば話は簡単なのだが、実際はそう単純ではなかった。プロテスタント地域でも、宗教改革以前ほどではないにしても、弱者への施しは存続する。イングランド宗教改革を推進したカンタベリ大主教トマス・クランマーなど一部の神学者も、そこまでドライに割り切れなかったようである。中世的ホスピタリティが消滅してゆく過程は急激なものであったのか、それとも緩慢であったのかも議論がある。イングランドでは、一六世紀末から一七世紀初めにかけて、ジェントルマンが地域の名望家の責務として困窮者を支えるといったホスピタリティ文化が衰微していると嘆く声が聞かれたが、その一方で、昔ながらの施しも続いていたようである。修道院の跡地を購入したヨークシァのあるジェントルマンは、一七世紀になっても、内戦期までは「週に二回は、一定の人数の老人、寡婦、生活に困っている人びとに、門のところで、パンと肉で作ったポタージュを供した。修道院を引き継いだ者は、その例に倣《なら》うのがよいと思う」と記している。

こうした宗教改革後の施しの文化を支えたものは何であったのだろう。宗教改革の理念についていけなかった人びとも多かったに違いない。また、すでに宗教改革以前にも顕著であったような、富裕者の優越感の発露や社会的威信の誇示の手段として機能したことも確かだろう。それとも、貧者を前にしての、信仰（場合によっては、神学的には十分な理解に達していないこともあっただろう）と感情（憐憫《れんびん》の情）のせめぎ合いに揺れる心が出したひとつの答えだったのかもしれない。

遺言書にみる宗教意識

そうした人びとの新しい価値観と伝統的な価値観の間での意識の揺れを示すのが、遺言書である。遺言書といっても、ここで問題になるのは、現代の遺言書の中心部分をなす遺族への遺産の割り振りの話ではなく、そのはじめに置かれる決まり文句のような箇所と、自らの死後の魂の救済に関わる処置である。

宗教改革以前の伝統的な遺言書では、煉獄での苦しみを軽減してもらうため、聖人のとりなしを願い、自らのために今後も祈ってくれる仕組みを指示するのが普通であった。死後の祈りのために、教会や修道院などに遺産を残したり、場合によっては、自分のため専用の祭壇を教会内に設置することを指示する場合もあった。もちろん、それらに付随する金銭的な問題も含めての措置である。

これが宗教改革後となると、聖人へのとりなしの願いや死者への祈りのための遺贈などは、当然のことながら、問題となる。願う対象はもっぱら主イエスであり、祈りを願うことも憚《はばか》られた。しかし、実際の遺言状は、急に手のひらを返したように変わったわけではなく、多くは伝統的な内容を引きずっていた。たとえば、宗教改革を始めたヘンリ八世自身が、その遺言状で、聖母マリアや諸聖人のとりなしを願い、死者のための祈りを希望しているし、貧者に毎日自分のために祈らせるためのお金の用意を命じている。また、庶民レベルでも、一六世紀末から一七世紀末の時期になっても、確認できる遺言状の三分の一には貧者への遺贈について何らかの指示があるといわれる。

遺言状は、その内容から、作成者の信仰内容を示す史料として貴重とされるが、「本心」

を一〇〇パーセント吐露したものであるかは、疑問も残る。イングランドではプロテスタント体制とカトリック体制がめまぐるしく変転したため、人びとは、かなり慎重に事態に対応したようである。たしかに、プロテスタント体制の下では、それにふさわしい文言の遺言状が増えるのであるが、それは本心を記したものであるのか、作成に関わった司祭などが、問題のない雛形《ひながた》をあらかじめ用意したのか、判断がむずかしい。実際、カトリック体制に戻ると、遺言書の内容形式も旧に復してしまう。しかも、プロテスタント的な要素とカトリック的な要素が混在するものも少なくない。教義の変化に振り回された庶民としては、どう転んでも大丈夫なように工夫した結果ともいえる。自分の魂の救済に関わる問題である。目の前の政治状況によって天国での永遠の生をあきらめるわけにはいかなかっただろう。

第二章
幽霊の居場所

1　幽霊と「あの世の地図」

幽霊とは

死をめぐる考え方のカトリックとプロテスタントの違いを大きく反映したのが、幽霊の問題である。真面目《まじめ》な宗教の話に、幽霊とは何ごとと思われるかもしれないが、幽霊の目撃譚は古くからたくさんあり、それをどう解釈・説明するかは——なにしろ、『旧約聖書』にも幽霊が登場する——宗教的にも重要な問題であった。幽霊に関わる文献も近代になってたくさん著されている。かのダニエル・デフォーもそういった著者の一人である。そうなれば、幽霊は歴史研究の対象となっても不思議ではない。実際、すでにイギリス史の文脈でも取り上げられており、キース・トマスの名著『宗教と魔術の衰退』がその先鞭《せんべん》をつけている。幽霊について論じる前に、そもそも「幽霊」とは何なのかを確認しておく必要がある。どうしても、われわれは日本の怪談に登場する幽霊を思い浮かべてしまうのであるが、キリスト教世界での幽霊とはかなり性格が異なるようである。もっとも、その定義となると、もとよりつかみどころのない存在で、何らかの権威が定めたものがあるわけではないので、かなり曖昧である。

一応、大まかに次のように理解しておこう。まず、日本の幽霊は、恨みを抱いた死者の魂が、その恨みを晴らすために人にとりつく、といった理解が一般的である。そのため、当事者以外には見えないという設定になることが多いし、恨みの対象がどこへ赴いても、幽霊もついてくる。つまりどこにでも現れる。それに対して、ヨーロッパ世界の幽霊は、不特定多数の人に見えるし、特定の場所――「原則的に」肉体が埋葬された場所――に出現することが多い。その場所を避ければ、幽霊に出会うことはない。

また、日本の幽霊は、死者の肉体（遺体）とは別の存在で、かならずしも遺体そのものが動き回るわけではない。それに対して、西洋の幽霊は、墓場に埋葬された遺体そのものが動く、というふうに見なされる場合が多い（例外も多く、必ず、ではない）。当然、その遺体の人物が幽霊となって現れるので、名前がはっきりしているし、相貌《そうぼう》も生前のままであることが普通である。登場場所が埋葬地に近いのも、遺体が移動可能な範囲という理屈である。幽霊を英語で「walking dead」と呼ぶこともあるが、それはまさに墓場から出てきた「歩く遺体」なのである。

場所が特定されたり、誰にでも見えるという点では、幽霊というよりは、日本のお化けに近い気もするが、あくまで特定の人間である。どこまでも恨みの対象につきまとい、壁でも通り抜けるような、いわば超自然的な力を持つ日本の幽霊に対して、西洋の幽霊は、もっと地に足の着いた（日本の幽霊とは違って足があるので当然だが）存在で、肉体をともなわない自らの足で歩んで移動するのが原則である。

もちろん「原則」であって、肉体をともなわない幽霊もイメージされたし、同一人物の幽霊が埋葬地以外の複数の場所に出没するといった話も多い。ヘンリ八世に処刑されたアン・ブリンなど、あちこちのゆかりの地に出没譚がある。最近も、日本でも話題になった二〇一五年のイギリスでのラグビーのワールドカップの際に、ウェールズ・チームの宿舎のホテルにヘンリ八世の幽霊が出て、複数の選手が目撃したというニュースが報じられた。そのホテルの場所が、ヘンリの妻の一人であったクレーフェのアンの住居のあと、ということらしいのだが、クレーフェのアンを疎《うと》んじたヘンリが、わざわざそこに出没する理由はないだろうし、アンにしても別段ヘンリに命を奪われたわけでもなく、離縁後はけっこう気楽な生活を楽しむことができたので、ヘンリの幽霊を招く必要もないだろう。このように、かならずしも理路整然とした存在というわけではない。

そして、いずれも、自ら直接恨みの対象なりに手を下すことはできないようである。日本の幽霊も、とりつくことで精神的に追い詰めて、相手を破滅に導くが、直接凶器を振り回して復讐《ふくしゅう》を遂げることはあまりない。おそらく、日本の幽霊は肉体を持たないため、物理的な力を行使できないと考えればよいのだろう。ヨーロッパ世界の幽霊は、遺体そのものであるといえるので肉体を持つはずであるが、それでもやはり物理的な力を行使することはない。それどころか、自ら相手を追い詰める日本の幽霊よりも謙虚に、復讐といった劇的なことよりは、何らかの情報をもたらすために登場することが多いし、もっと多くの幽霊は、たんに特定の場所を徘徊《はいかい》するだけである。

登場する季節は、日本が夏であるのは、怪談が夏の消暑のための寄席《よせ》話であったためであるが、同じような理由で、ヨーロッパでは冬に設定されることが多い。これは冬の長夜の炉端話として語られたためだろう。白い布を被《かぶ》ったような漫画的な幽霊表現でも、背景は冬枯れした木であることが多い。緯度の高い北欧では、夏の夜はなかなか真《ま》っ暗闇《くらやみ》にはならないという事情もあるかもしれない。花火のシーズンが冬であるのも、同じ理由だろう。冬の幽霊で有名なのは、エミリ・ブロンテの『嵐が丘』で、吹雪のなかに登場するキャシーの幽霊だろうか。

もちろん、文学作品や映画演劇の世界では、この規定に収まらない幽霊の例はいくらでもあるし、民俗学的にはもっと別の定義も可能である。しかし、本書で取り上げる宗教的な文脈では、おおよそはこういった理解でよいだろう。

幽霊と煉獄

こうした幽霊は、中世、カトリック教会のもとでは、正式な教義とはいえないものの、煉獄の存在と親和性を持つものとして解釈されることが多かったようである。すなわち、幽霊とは、煉獄にいる死者の魂が、神の特別の許可を得て、現世に戻ってくる——遺体に魂が一時的に戻って動き出す——ものであり、その目的は、現世に残された者に、何らかの情報を提供し、示唆や指示を与えるためであった。たとえば、遺産の分配の指示や、隠し財産の場所などを明かすといったものである。場合によっては、自分を殺害した犯人の名前を告げに来ることもあっただろう。ここで、煉獄が現世と地続きであったことを思い出してほしい。死者の魂がやって来るにしても、天国や地獄といった異次元の世界からではなく、われわれの世界とつながっている煉獄からやって来る、という点にそれなりの合理性が想定されている。

ところが、宗教改革によって煉獄の存在が否定されてしまうと、こうした死者の魂の居場所も否定されることになる。宗教改革による冥界地図の書き換えが、幽霊の拠って立つ基盤を失わせたのである。プロテスタントの立場からすれば、煉獄が存在しないのであるから、当然、幽霊もそこからやって来るなどということはありえない。カトリック的な幽霊の説明は、プロテスタントの「来世地図」との整合性をもたなかったため、そもそもその存在から否定され、破綻《はたん》することになった。

かくして、幽霊とは、カトリックの迷信であり、カトリックの聖職者が信徒をだまして、利益をむさぼるために考え出した詐術《さじゅつ》にすぎないとされ、反カトリック・プロパガンダの一環として幽霊否定論が説かれることになる。聖書の記述に従うなら、死者の魂は「最後の審判」の際に復活するまで「眠っている」のであり、この世に立ち返ることなどはありえない、というのが議論の出発点であり建前であった。

「ルター以降、福音の説教のおかげでドイツでは幽霊は出なくなった」と主張する者や「幽霊はみんなイタリアへ行ってしまった」などという冗談とも本気ともつかぬ意見までが飛び出した。もう少し「論理的な」幽霊否定論としては、人間の霊魂は目に見えないものなので、目に見える幽霊は死者の魂ではありえない。地獄へ堕ちた死者の魂がそこから脱出してこの世にやって来ることは不可能であるし（それが可能なら、地獄の亡者はこぞって幽霊になって戻ってくるだろう）、天国へ行った魂も、わざわざそこを捨てて、現世に舞い戻るはずがない、といったものもあった。

もちろん、これらの否定論には反論も容易に成り立つ。魂そのものは見えなくとも、墓場に埋葬された遺体に戻りさえすれば、遺体は見えるではないか。地獄・天国からの離脱のむずかしさ云々《うんぬん》は、急進的なプロテスタントが強調した「来るべき」「最後の審判」との関わりで、時間的な前後関係があやしく、いささか教義との整合性に問題のある説明ではないか。

さらに、プロテスタントが幽霊の存在を否定したところで、実際に目撃したという人がなくなったわけではないことが話をより複雑にすることになる。たとえば、一五六四年にダラム主教ピルキントンが、カンタベリ大主教マシュー・パーカーに報告したところによれば、ダラム管区内のブラックバーン教区で、ある若者が四年前に死んだ隣人に出会ったという。しかも、教区の補助司祭も、学校教師も、その他、近隣の者までもが目撃したという。ピルキントンは、「このあたりではこういったことはごく普通のことである。しかも、権威ある立場にいる者も、誰一人こういったことを否定しないどころか、それを信じ、確認すらしてしまうので、誰もが［幽霊を］信じてしまう」と嘆いている。

メランコリーと幽霊

こうした目撃談の他に、聖書（『旧約』）に登場する幽霊をどう説明するかも課題であった。聖書に登場するからには、むげに迷信と切り捨てるわけにもいかなかった。カトリックの煉獄に代わるようなプロテスタント的な説明が必要となったのである。そこで、ルネサンス期に流行したのが「メランコリー」と結びつけた説明である。近世に盛んになる魔女狩りでの「魔女」をめぐる議論などでも同じように、魔女とされた（もしくは自らが魔女だと認めた）人びとは実際に悪魔と契約を結んだのではなく、そのように思い込んでいる妄想にすぎない。つまり狂気を含む、精神的な問題として魔女を解釈する――魔女裁判では、当然ながら無罪を主張する根拠となる――立場である。

では、メランコリーとは何か。古代中世以来の医学の中心にあった「体液説」にもとづく人間の性格の分類である。人間には、「血液」「粘液」「黄胆汁《おうたんじゅう》」「黒胆汁《こくたんじゅう》」という四つの体液があり、その過多の割合によってその人の性格が決まり、バランスが崩れると病気になると考えられた。古代ローマの医学者ガレノスが体系をまとめ、以後、一九世紀になるまで病気理解に強い影響力をもった。血液の多い（血の気の多い）タイプは、社交的、筋肉質で強健、好色、変節、といった性格を示し、粘液の多いタイプは、優柔不断、穏健、公正、美食、運動下手。黄胆汁が多いと、粗野、短気、野心家、傲慢になる。メランコリーは、黒胆汁が多い場合で、寡黙、孤独、非社交的、神経質、狷介《けんかい》とされ、精神疾患と結びつけられることも一般的であるが、占星術では土星と関連づけられ、ネガティヴなイメージが強かった。

この考えに従えば、メランコリーとは、文字通り、気鬱《きうつ》といったものになる。良心の呵《か》責《しゃく》に苦しんでいる人、病人、老人、子ども、女性（とくに生理時の女性）が幽霊を見やすいのは、メランコリーに支配されているから、といった解釈がなされた。この場合、幽霊は実在するのではなく、メランコリーに支配された人が見る幻にすぎない。きわめて合理的で科学的な説明のように思えるが、性格の異なった複数の人間が同時に同じ幽霊を目撃するといった事例をうまく説明できないという問題もある。

幽霊とは、じつは天使もしくは堕天使である、という解釈もあった。天使が何かのメッセージを伝えにやって来る（堕天使なら、悪事のためである）際に、幽霊の形を取るのだ。ただ、天使も堕天使も、それ自体では人の目には見えない存在であるので、墓場に眠る死者の肉体を借りて人の前に登場する、というわけである。この場合も、幽霊は、誰かの遺体そのものが立ち歩いていることになるが、これでは天使的というイメージとは対極にある、想像するだに壮絶な姿の幽霊であろう。そのような姿の天使のメッセージを喜んで聞くことができるだろうか、という素朴な疑問も浮かんでくる。さらに、聖書などに登場する天使（たとえば、聖母マリアのもとに受胎告知のためにやって来た大天使ガブリエル）は、死者の姿ではなく、きちんと人にその姿を見せているではないか、という疑問に対しては、かつては神様も目に見える天使を遣わされたが、近頃はそういったことはなくなった、という答えになったようだが、その方針転換の理由ははっきりしない。

しかし、こういった理解は、「幽霊＝天使」説への否定的な解釈にもなりえた。自ら『悪魔学』などの作品を著していたスコットランド国王ジェイムズ六世（のちにイングランド王としてジェイムズ一世）は、「キリストの受肉以降は、そういった天使の出現や、天使による預言・奇跡は必要がなくなった」ので、天使が死者の肉体を借りて人前に現れることはない、と考えている。たしかに、天使がすでに腐敗しつつある遺体の姿で現れるというのは、やはりいただけない。

ハムレットと幽霊

天使説に似ているのが、幽霊は悪魔であるという理解である。この悪魔説は一七世紀には広く受け入れられた。つまり、悪魔が（死者の肉体を借りて）幽霊となって現れて、人間を過ちに導こうとするのだ、と考えられた。

この悪魔説を踏まえるとわかりやすいのが、シェイクスピアの『ハムレット』に登場する幽霊の問題である。『ハムレット』という劇は、冒頭から幽霊の登場によって話が始まり、「自分は弟によって毒殺された」というハムレットの父王の幽霊の言葉に導かれて劇が進展する。父の幽霊の言葉を信じて、王位を奪った叔父に復讐すべきなのか、それとも、父の幽霊というのはハムレットを破滅に陥れるための悪魔の偽装にすぎないのか。幽霊の言葉を信じるべきか否かでハムレットは迷い、まさに「悩める存在」としてのハムレットができ上がるわけである。

この悩めるハムレット、優柔不断の代表のようにも見られるし、現代日本の観客・読者の目からも、何をいつまでもグズグズしているのか、歯がゆいところがあるのも事実である。いったいハムレットは何を逡巡《しゅんじゅん》し迷っているのか。幽霊の言葉の確証を求めているわけだが、ここに『ハムレット』という作品が書かれた時代背景を重ねてみると、ハムレットの迷い、悩みは、単なる優柔不断とばかりはいえないことが見えてくる。

シェイクスピアがこの作品を発表したのは、一六〇〇年から〇二年頃とされる。エリザベス女王の治世の最末期である。当時のイギリスは、宗教改革を経て、国教会が体制宗教として存在し、カトリックは危険な反体制宗派と見なされていたし、実際に多くのカトリック教徒がエリザベス時代に処刑されている。プロテスタントの国であるイギリスで、カトリック的な要素を喧伝《けんでん》することは御法度《ごはっと》であった。当然、幽霊についての見解も、カトリック的な解釈は問題になるはずである。

つまり、幽霊の言葉を信じるかどうかで悩んでいるハムレットは、カトリック的な幽霊観とプロテスタント的な幽霊理解の間で悩んでいるともいえる。前者に立てば、自らの死の原因を告げにやって来るという、中世以来の幽霊であるし、後者の解釈では、ハムレットを陥れようという悪魔の策謀ということになる。この両極端の間で、ハムレットは悩むわけであるが、当時の多くの人びとの宗教観・幽霊観を反映したものともいえるだろう。当時、エリザベスによる国教会の再確立から相当の時間が経過し、プロテスタント体制は安定していたことは多くの歴史家も認めるところである。しかし、人びとの信仰の中身となると、まだまだ旧来の伝統的な考え（教義としてのカトリックというよりは、伝統への愛着といった性格が強い）が色濃く残っていたのも事実である。

しかし、カトリックが違法であった当時、ハムレットが幽霊の言葉を信じる、もしくは幽霊の言葉が事実であるという設定は、問題にならなかったのだろうか。そこで、プロテスタント的にこの劇を解釈するなら、悪魔にそそのかされた愚かなハムレットが叔父を死に追いやる悲劇、というふうにも強弁できる余地がある。叔父クローディアスは、たしかに自らの行為を独白の形で述べているのだが、じつは、父王の幽霊は、叔父と再婚した母の王妃には見えないことも記されている。王妃はいう、「狂気が生み出した、お前の頭が作り出した幻」にすぎないと。そうなると、叔父の告白も、悪魔にたぶらかされてしまったハムレットの妄想かもしれない。

シェイクスピア自身、カトリック信仰を抱いていた可能性が指摘されているが、まさにこの曖昧さに、スリリングな劇的効果があったのかもしれない。ちなみに、『ハムレット』の初期ヴァージョンともいわれる「第一四折り版《ファースト・クォート》（Q1）」では、かなり明瞭に煉獄などへの言及があり、カトリック色が濃厚である。

しかも、Q1では、有名な「生か、死か、それが問題だ」のあとに「死んで、眠って、目が醒《さ》めて、永遠の裁きの庭に引き出される。そこからは、一人の旅人も帰ってきた例のない、まったく未知の境。そこで神のお顔を拝し、救われた者はほほえみ、呪《のろ》われた者は、地獄の業火の真只中《まったただなか》へ」（安西徹雄訳）と続き、死者が個別に神の裁きを受けて地獄行きか天国行きかが決まる、まるで閻魔《えんま》の裁きのような情景が述べられている。「最後の審判」が、集団的な裁きではなく、個々人の人生の「最期」というふうに変わってしまっているのだが、たしかに、閻魔の裁きも同様で、このほうがわかりやすいし、今も昔も庶民の理解はこういったものであったのかもしれない。この部分は標準的なテキスト（シェイクスピアの最初の全集に収録された本文）ではまったく異なっており、謎《なぞ》が多いとされるQ1の来歴との関わりも含めて、たいへん興味深い。Q1がシェイクスピアが書いた初期ヴァージョンであるとすれば、彼の本心をよりストレートに反映しているかもしれないし、劇団員による上演のための改変であるとすれば、当時の観客の考えや嗜好《しこう》が反映しているともいえるだろう。

ともかく、エリザベス朝末期に、プロテスタントによる「純正な」世界観とは異なった世界観が劇場の舞台の上で演じられていた可能性があることは確かなようである。娯楽を否定するピューリタンが、庶民が仕事もせずに押しかける劇場を目の敵にしたことはよく知られるが、その聖書原理主義的な立場からも、こうした演劇を危険視したことはうなずける。しかし、女王エリザベスは、演劇の味方であって、ピューリタンの主張には与《くみ》しなかった。

シェイクスピア劇における幽霊といえば、『マクベス』も忘れてはいけない。マクベスは、自分が殺した友人マクダフの幽霊がテーブルに着いているのを見て動転する。ただ、『ハムレット』とは異なり、マクダフの幽霊は何も語らないし、マクベス以外にはその姿は見えていない。他者にも見えたハムレットの父の幽霊（典型的な西洋型幽霊）とは違って、日本的な幽霊である。それは別の解釈をすれば、この幽霊はあくまでマクベスの良心の呵責が見せた幻で、実際には存在していないものと考えてよいだろう。マクベス夫人が、手についた血が見え、洗っても洗っても落ちないとおびえるのと同じである。その意味では、物理的に存在するのが基本である西洋型幽霊の範疇《はんちゅう》から外れており、幻影の類と見なしたほうがよい。幻覚であるとすれば、劇に登場しても、ハムレットの幽霊のように、宗教的な問題をはらむことはないし、メランコリーの産物というルネサンス的な幽霊の説明原理とも合致するのである。

じつは、幽霊はシェイクスピアに限らず、イギリスのルネサンス文芸に頻繁に登場する人気キャラクターであった。エリザベス末期の滑稽本『タールトンの煉獄便り *Tarleton's News out of Purgatory*』では、目の前に現れた実在の人気道化役者であったリチャード・タールトンの幽霊に向かって、「幽霊などというものはこの世にいない。それは悪魔なのだ」とその存在を否定しつつ「死者の魂は、「最後の審判」の復活のときまでけっしてこの世に戻らないのだ」と叫ぶ人物（この書物の話者）に対して、幽霊は動ぜず、曰《いわ》く「おお、ここにカルヴァン主義者がいる」と頭の固さを皮肉をもって揶揄《やゆ》し、「天国と地獄の間に何もないというのか。それでは、人の魂は、神のもとへ一目散ではせ参じるか、つむじ風に乗って悪魔のもとに堕ち行くしかないではないか。じつは、われらがご先祖様がみんな語っていたように、ダンテが学識豊かに書いているように、第三の場所があるのだよ。それが煉獄だ」と続ける。この箇所は融通の利かないピューリタンからの劇場批判にうんざりしていた当時の人びとには大いに受けたことだろう。しかし、この煉獄を肯定する幽霊の本性はやはり悪魔なのだろうか。それともタールトンの本当の幽霊？　異端の嫌疑がかからぬようになかなか巧みに仕組まれた構成である。

ピューリタンの攻撃にもかかわらず、幽霊に関する関心は衰えることはなかった。教義や理屈で幽霊を消し去ることはできなかったということだろう。『ロビンソン・クルーソー』の作者ダニエル・デフォーも幽霊論を書いているように、一八世紀にも幽霊談義はたくさんある。プロテスタント体制がしっかりと根付いたから、幽霊が消え去ったわけではないのは間違いない。むしろ、一八世紀に流行したゴシック小説では、おどろおどろしい舞台装置として、幽霊は欠かせない要素であった。

ヴィクトリア時代のチャールズ・ディケンズの作品にも幽霊が登場する話はいくつもあるが、やはり一番有名なのが『クリスマス・キャロル』（一八四三年）である。そこに登場する幽霊もまた、興味深い点がある。慈善を拒否する強欲な主人公スクルージのところに、七年前に亡くなった友人マーレイの幽霊が現れる。生前の罪で作られた鎖に縛られた姿で、スクルージに警告を与えるためにやって来たのである。これはまさしく「伝統的な」煉獄からやって来る幽霊である。もっとも、本来伝えるべき訓戒は、翌晩から毎夜やって来る三人の精霊に任されている。ここで「精霊」と記した存在は、原文ではspiritに当たるが、作中でディケンズは、幽霊（ゴースト）とあまり厳密に区別せずに使っている。実際、この三人の精霊は、過去・現在・未来の「クリスマスの精霊」なので、特定の誰かの幽霊というわけではない。三人の精霊に諭され、心を入れ替えたスクルージは慈善に努める、という展開は、まるで中世カトリックの煉獄譚のようである。近世のピューリタンが読めば容赦なく攻撃しただろう。しかし、ディケンズは、異端どころか、ウェストミンスター・アビィに埋葬されている。時代はこうした教訓的な幽霊話に寛容になっていたのだ。

幽霊と魔女

ちなみに、プロテスタントによる「幽霊＝悪魔」論には、「魔女」告発との類似性もみることができる。ピューリタンの警世家フィリップ・スタッブスが紹介するレスターシァの事例は、両者の類似性をうかがわせる。借金を抱えたある貧者が瀕死《ひんし》の状態になったとき、債権者である女性がその借金を免除するのを拒否すると、その貧者の姿をした悪魔が（幽霊となって）その女性のもとへやって来て、彼女を打ちのめした上、ピッチ（瀝青《れきせい》）をかけて真っ黒にしてしまった、というものである。幽霊であっても、悪魔が化けた場合は、実際的な暴力を振るうことができる例として面白いが、それはさておき、この話は歴史家アラン・マクファーレンが解明した宗教改革後の社会での魔女告発のプロセス――魔女行為をチャリティや思いやり拒否に対する報復と見なすという魔女告発の典型――を想起させる。

マクファーレンにもとづいて説明するなら、以下のような過程を経て魔女が告発されることになる。宗教改革以前には、教区内の貧しい人びとに対して施しをおこなうことは善行として推奨されていたが、宗教改革後、プロテスタントの価値観に従って、そういった行為は否定される。しかし、人びとの意識は急には変われないので、施しを拒むことに後ろめたさを感じることになる。そういったときに、たとえば、道ばたで施しを願った近隣の老女に対し、施しを拒否した場合、やはり心に引っかかるものを感じる。そうした思いを抱いて帰宅したら、思わぬところで怪我《けが》をしてしまうなり、家畜が死んでしまったりする。すると、施しを拒否した後ろめたさとこれらの「不幸」が結びつき、不幸は先ほどの老女が逆恨みで呪いをかけたに違いない、あの老女は魔女なのだと考える。つまり、自らの「施しを拒否した後ろめたさ」を、社会的弱者を魔女であると考えることで正当化するのである。あれは魔女だったのだから、施しをしなかったのはむしろ正しかったのだ、と。当然、魔女によってもたらされた不幸については、当局へ訴え出ることになり、こうした価値観の変換期にそういった心の居心地が悪かった人びとはたくさんいたはずで、魔女告発が頻発することになる、という次第。

自らの良心の呵責を相手の逆恨みにすり替えることで正当化する、ということでは、スタッブスが紹介する悪魔＝幽霊と同じである。ピッチをぶっかけた幽霊の場合、弱者がすでに死んでいたため、魔女とすることはできず、幽霊とされたのだろう。いずれにせよ、背後で悪魔が糸を引いている点では、ピューリタンの目には魔女と幽霊は同根であるととらえられていた可能性もある。

ルネサンス期には魔女とメランコリーが結びつけられていたとも指摘されている。また、プロテスタント地域では、魔女はカトリック的な迷信と結びつけられることも多かった。魔女、メランコリー、カトリック的迷信、これらはそのまま当時の幽霊論にもまとわりついた要素である。明確な因果関係や論理にもとづいたものではないにしても、「幽霊―魔女―カトリック」という、いかがわしいものを直感的に漠然とつなぎ合わせて理解するといったことがあったのかもしれない。そしてそれらの背後には悪魔の存在が見え隠れするのである。

禿げ山の一夜

死と幽霊の問題から脇道にそれてしまったが、もう少しだけ寄り道しよう。悪霊の問題である。悪霊は聖書のなかにも登場し、イエスが悪霊にとりつかれた男から悪霊を追い出し、人から離れた悪霊が豚の群れに乗り移って湖になだれをうって飛び込んだ、といったエピソードも語られる（「マタイによる福音書」八章）。それは悪魔の手先のような存在で、英訳聖書では demon と訳されており、明らかに死者の幽霊とは違う存在である。

また、ヨーロッパの民間伝承では、特定の時期、悪霊が跋扈《ばっこ》するので、それを避けるための手段を講じなければならない、とするものがある。たとえば、一一月二日の万霊節。カトリック教会では、すべての死者の魂のために祈りを捧げる、れっきとした祭日であるが、民間伝承では、ハロウィン（一〇月三一日）から万聖節（一一月一日）へと続く期間は、日本のお盆のような感覚だろうか、死者の魂が戻ってくる、さらには悪霊が飛び交う日と考えられていた。悪霊を追い払うために教会の鐘が鳴らされ、外出は控えられた。イギリスではもう冬といってよい時期であり、木枯らしが吹くなかを悪霊が飛び交うイメージは、先にも触れた冬の怪談話にもってこいの設定であるが、死者の亡霊と悪霊が非常に近い存在であるかのような印象も受ける。

こうした悪霊イメージにもっとも合致するのは、おそらくディズニーの音楽アニメーション『ファンタジア』（一九四〇年）に収められたムソルグスキーの『禿《は》げ山の一夜』の描写だろう。ムソルグスキーの楽曲は聖ヨハネの日（六月二四日、夏至＝ミッドサマーに当たる）に関する伝説にもとづいているので、季節は冬ではないのだが、悪魔の指揮の下、魔物や化け物が火のなかで踊り明かすシーンは忘れがたい。この場面には、二〇世紀初頭のイギリスで豪華版挿し絵本の分野で活躍した画家カイ・ニールセンがメイン・スタッフとして参加しており、北欧デンマーク出身のニールセンらしい幻想的かつ悪夢のようなアニメーションとなっている。

このアニメのなかでは、悪魔の呼びかけに応じて、墓場という墓場から亡霊（そのほとんどが骸骨《がいこつ》として現れる）や魔女が飛び出し、寝静まった町の上空を越えて、悪魔のいる禿げ山に向かう。裕福な被葬者を想像させる立派な墓からも亡霊が抜け出しているところをみると、とくに「悪人」の亡霊に限定されていないようである。亡霊たちの嬉々《きき》とした様子は、まるで、「最後の審判」まで墓のなかで逼塞《ひっそく》しているのに飽き飽きして、悪魔の招きに喜んで応じているかのようである。しかし、注意深く見てみると、墓から抜け出した亡霊が、悪魔の下で踊っている異形《いぎょう》の魔物と同一であるのかどうか、すなわち悪霊であるのかどうかは、はっきりとはわからないように描かれている。

曲の最後で教会の鐘の音が響くと、悪魔はおびえて宴《うたげ》を終え、亡霊たちはもとの墓へと戻ってゆく。民間伝承では、教会の鐘の音に悪霊を追い払う力があると見なされた。万霊節に鐘が鳴らされたことはすでに触れたが、鐘で防ごうとした悪霊とは、死者の霊なのか。墓のなかで眠るかつての隣人が悪霊となって跋扈すると考えられたのだろうか。このディズニー作品がキリスト教の教義をどこまで考慮して作られたのかはわからないが、死者と魔物を混同しないように配慮した、意外に周到な脚本なのかもしれない。

悪霊や死霊というのは、ホラー映画では何の罪もない人びとを襲う邪悪《じゃあく》な存在に決まっているが、たいていは墓場から登場する。ということは、そうした死霊は、隣人であったり、場合によっては家族であったかもしれない。そうなると、どちらかといえば無害な印象のある西洋の幽霊との違いはどうなるのだろう。そこに悪魔の力の介在があって、死者の意志とは関係なく悪さをするのか、それとも、死者自身の選択なのだろうか。馬鹿馬鹿しい議論のように聞こえるかもしれないが、死後、煉獄へ赴くことなく、墓のなかで過ごさなくてはならなくなったプロテスタント圏の人びとにとっては、「最後の審判」までの時がどのように過ぎてゆくのか、自分の魂に何が起こるのか、気になるところではないか。

2　心霊主義と甘美な死

「霊魂の不滅」

基本的に、プロテスタントは幽霊の存在を認めるのに消極的であったが、かといって全面否定するには至らなかった。否定しても目撃談がなくならない、という事情もあったが、やっかいであったのが、キリスト教の基本にある「霊魂の不滅」という考えが幽霊の存在を下支えしていたということである。

死者の魂は、消滅してしまうのではなく、「最後の審判」の際には肉体をともなって復活する。このキリスト教信仰の基本に立脚すれば、死者の魂は、どこかで「最後の審判」の時を待っているはずである。たとえ、それがカトリックの主張する煉獄ではないにしても、この世界のどこかに「いる」はずである。幽霊を全否定してしまうことは、霊魂不滅への懐疑、ひいては無神論につながる恐れがあった。一八世紀には、啓蒙《けいもう》思想の隆盛とも絡んで、無神論が一部に広がりはじめたが、それは教会には脅威であった。一八世紀に「幽霊論」ともいうべき著作がたくさん登場するのもそういった時代背景が大きく作用したのだろう。科学の時代であればこそ、霊魂すなわち幽霊の存在は、宗教的にも、また科学的にもきちんと説明されなければならなかったのである。

煉獄でなければ、死者の魂は今どこにいるのか。この問いに答えることが神学的に幽霊論に決着をつける鍵《かぎ》であったのだが、プロテスタントには、明快な答えを用意することができなかった。冷たく暗い墓のなかで肉体が朽ち果てながら「最後の審判」まで待ちつづけるというのは、素朴な信者にはあまり考えたくない死後イメージであった。このプロテスタント版「死後の世界地図」の歯切れの悪さが、本書の随所で言及しているような、死後イメージの多様性、曖昧さをも生み出しているといえるだろう。

心霊主義

死後の世界をリアルに描けなかったことが、かえって、キリスト教の正統教義とは異なった霊魂観を育てていった。そうした霊魂観によって、幽霊とはまた違った形で、霊魂が人の前に登場することになる。それが、一九世紀から二〇世紀に大流行した心霊主義である。

死者の霊と交流を図るという考えは、日本のお盆の行事にも通じるものがあるし、死者の魂を呼び出してメッセージをもらったり、意思疎通をおこなう、という行為は、日本のイタコや巫女《みこ》のように、古くから世界各地で見られた。一八世紀には、霊界との行き来が可能であると主張したスウェーデンのエマヌエル・スヴェーデンボリの著作が大きな反響を呼んだが、一方で、哲学者カントはスヴェーデンボリへの懐疑・批判を展開し（『視霊者の夢』）、のちの『純粋理性批判』へと発展させている。

ただ、一般的に「心霊主義」といった場合、一九世紀半ばにアメリカ合衆国で始まった「スピリチュアリズム」を指すことが普通である。ニューヨーク州のフォックス姉妹が霊と交信することができる――のちに、姉妹はトリックによるものであったと告白するのだが――と評判になり、興行まがいの「実演」を通じて多くの人びとに本物の霊媒と信じられ、急速にその「信者」を増やしていった。心霊の「流行」はすぐにイギリスにも伝わり、ロバート・オウエンなど著名人を含む広い階層の人びとに受け入れられていった。シャーロック・ホームズの作者コナン・ドイルが晩年に、息子を失ったことを契機にのめり込み、作品世界（『失われた世界』のチャレンジャー博士が活躍する『霧の国』）にも反映されていることもよく知られている。

心霊術での霊との交信手段の一つとされる「ターニング・テーブル」(自動筆記)は、日本にも一九世紀のうちに伝わって、「コックリさん」の名称で広まっている。アガサ・クリスティや横溝正史《よこみぞせいし》の小説のなかでも、降霊術(コックリさん)の様子が描かれた作品があるが、まさに当時の流行であり、究極のダイイング・メッセージとして、ミステリにうってつけの舞台装置であったのだ。

心霊主義は、現在のわれわれの目からは、いかにも非科学的な胡散臭《うさんくさ》いもの、といったイメージが強くつきまとう。しかし、むしろ当時、信奉する人びとにとっては、正反対の科学的なものとして理解されてもいただろう。魂が不滅であるならば、どこかに存在しているはずで、近代科学を駆使すれば、その霊魂とコンタクトがとれるはずである、という発想。それは、どこかにいるはずの地球外生命による高等文明の情報をキャッチしようとしたり、そこにむけて情報を発信しよう(太陽系の外に旅立ったボイジャーのように)という試みとよく似ているのかもしれない。まさに、科学技術の世界だからこその発想と考えたほうがよいのだろう。要は、魂の不滅という大前提と近代科学の接点に咲いた花(あだ花ともいえるが)とその果実であったのだ。

甘美な死後の世界

死者の世界がこの世と完全には切り離されていない、という観念は、キリスト教の教義を離れて、むしろ、人びとには受け入れられやすいのかもしれない。本書の初めにも書いたように、現代になっても、というより、キリスト教離れが進むにつれて、いっそうその傾向が強まっているのかもしれない。現代日本においても、かなりの割合の人びとが、既存の宗教の枠とは別に、死後の世界や霊魂の存在を信じているという社会調査があるが、そういった心性が、くり返されるスピリチュアリズムの流行を支え、「臨死体験」がまことしやかに語られ、今なお書店にそういった書籍のコーナーが設けられている理由であることはいうまでもない。

幽霊も、ゴシック小説では恐怖の対象として描かれることが多かったが、しだいにある種甘美な存在としても立ち現れてくる。エミリ・ブロンテの『嵐が丘』（一八四七年）の最後に言及されるヒースクリフとキャシーの幽霊などもその例に入れてよいだろう。ヨークシァの荒涼とした丘を手を取り合って徘徊する姿を想像すると壮絶ですらある。

今ではイギリスでもまったく忘れられた作家であるクリストファ・ウィットフィールドの小説『一緒に *Together*』（一九四五年）も、いわば幽霊小説であるのだが、ホラーではなく、不思議な味わいの恋愛小説である。

第二次世界大戦の最中の一九四〇年、戦闘機のパイロットであるピーターは、新婚の妻メアリと短い休暇の最後を思い出の庭で過ごす。その直後、出撃したピーターは空中戦で被弾するが、被弾によって風防の枠が変形したため開かない。脱出することができないまま、機ごと海に落ちる。しかし、意識が戻ったとき、ロンドンにいる自分に気がつく。しかし、人びとの目には自分が見えていないようだ。彼は死んで、意識だけが消えずにいるのだ。見えない幽霊となった彼は、妻のもとに赴きその様子を見守りつづける――魂だけの存在であるので、生きた人びとに触れたり、声をかけることはできない――ことになる。メアリは空襲が激しくなったロンドンで、食糧の輸送などに従事するが、ついに爆弾が彼女のいる場所を直撃し、メアリは死亡する。それを目撃した彼の魂は、あの思い出の庭へと向かう。きっとそこに妻の霊も現れるに違いない。夜のしじまのなかでメアリが現れるのを待つ彼の耳に、葉擦《はず》れの音が聞こえる……。

煉獄でも天国でも、また墓のなかでもなく、死者の魂が（次元を異にするにしても）この世界で存在し、愛する人とも再会できる、という死のイメージは甘美ですらある。死の苦しみも描かれていない。戦争中に書かれた作品であるので、死の恐怖を緩和するという意図があったのかもしれないが、幽霊というよりは、心霊の世界といえるのかもしれない。また、こうした死後の魂の姿は、多くの日本人が漠然と考える死後のイメージに近いのかもしれない。『雨月物語』にも似た、むしろ日本の小説や映画のような印象を受けるのはそのせいだろうか（生者の目に見えるかどうかという点では、多少、異なるのだが）。

また、この小説がキリスト教国イギリスで書かれたということは、イギリス人の死後観とも大きく外れるものでもないということを示すのだろうか。先にも触れた「千の風になって」という歌の世界観そのものであるといっていいだろう。死者の魂は墓のなかにいるのではなく、縁者に寄り添い見守っている、という死者観である。そうなると、現代では、意外にキリスト教国であっても人びとの意識は厳密な教義に縛られていないということになる。それは、これまで述べてきたような、教義としての死後の世界像がかならずしも明快なものではない、ということが背景にあるのかもしれない。

「楽園への道」

もう一つ甘美な死の例を挙げておこう。イギリス人作曲家ディーリアスの「楽園への道 The Walk to the Paradise Garden」は、歌劇『村のロミオとジュリエット』（一九〇七年初演）につけた劇音楽（第六場への間奏曲）であるが、その美しい旋律は恋人たちの死出の旅を暗示するものである。この劇は、スイスの作家ゴットフリート・ケラーの『村のロメオとユリア』（一八五六年）を原作にしたもので、二つのいがみ合う家の若い男女の恋というシェイクスピアの『ロミオとジュリエット』の設定をスイスの農村に舞台を置き換えたものである。

シェイクスピアの複雑な筋立てとは違って、祝福されるまっとうな結婚がかなわないと悟ったふたりが、最後の思い出として隣村での祭りを目指し、貧しくとも充実した「道行き」の後、川に入水《じゅすい》して心中するという、人形浄瑠璃《じょうるり》をも彷彿とさせる筋立てである。ふたりが幸福な刹那《せつな》をそのまま永遠のものにするために、死を選ぶという発想は、キリスト教の教えでは許されないものだろう。じつは「楽園」というのは終盤に登場する極貧者が集う飯屋の――皮肉な――名前でもあるのだが、ふたりはその「楽園」亭に集う輩《やから》から逃げだし、ふたりだけで小舟で川にこぎ出す。苦しい現実を逃れ、楽園にも背を向け、甘美な死を選ぶ。ここにもキリスト教道徳の枠を超えた死の姿がある。

最後に、甘美かどうかわからないが、「死者との結婚」（冥婚）について触れておこう。未婚のまま亡くなった者のために、生者との結婚を執りおこなうという、祖先供養や自らの死後の供養、儒教的家族観などと結びついた習俗で、中国や朝鮮半島のものが知られている。また日本でも東北地方によく似た風習があったという（川村邦光『弔いの文化史』中公新書、二〇一五年）。さらに、意外にも現代のフランスにもある。二〇世紀半ばに認められたもので、婚約中に女性が妊娠したが、結婚する前に男性が死亡してしまったなど、重大な特別の事情がある場合にのみ、大統領の権限で婚姻《こんいん》を認め、死亡した男性を子どもの親として認知する制度である。霊界とのつながりといった土俗的な性格の強い東洋の冥婚に較《くら》べて、きわめて合理的なフランスらしい結婚のあり方であるが、こちらのほうが当事者の愛情が伝わってきて、むしろロマンチックに感じるのは筆者だけだろうか。

第三章
死をもたらすもの

病気、戦争、事故それに寿命など、人びとに死をもたらす原因は今も昔もさほど変わらない。しかし、それぞれの原因によって命を落とす割合は、時代や社会によって大きく異なる。今日でも、戦火で命を落とすことが日常的な出来事である地域もあれば、自ら命を絶つことが死因の上位に来る日本のような国もある。本章では、まず、人びとがどういった原因で死んでいったのかを見てゆきたい。ただ、人の死の原因をくまなく見るということは、人間の歴史すべてをたどることにもなるので、ここでは特徴的ないくつかの事象を取り上げて、印象論的なスケッチを示すにとどめざるをえない。

1　疫病・災害・住環境

ペスト――見えない恐怖

死因の歴史的考察となれば、やはりまず病気から話を始めることになるだろう。人類と病の関わりについては、多くの研究があり、一つの独立した研究領域となっている。とくに歴史的、社会的な影響が大きな疫病については、歴史家の関心を引いてきた。その代表的な例が、一四世紀にヨーロッパ中で猛威をふるった黒死病である。地域差はあるものの、人口の三分の一から半分が失われるといった圧倒的な被害が極端な人手不足をもたらし、労働力確保の必要から西欧での農奴制に終止符が打たれた、といった歴史の教科書の必須《ひっす》条項から、ボッカチオの『デカメロン』の舞台装置となったなど、多方面に深刻な影響を残した。イングランドの場合、一四世紀初めに四〇〇万人（もっと多いという説もある）あった人口が、世紀末には半分となり、元の水準に戻るのは一七世紀であった。この回復には一六世紀の人口増が貢献しているが、二〇〇年という時間を要したわけである。

ペストは、ネズミに寄生するノミによって媒介され、発症すると耳の後ろに吹き出物が出たり、腋《わき》などのリンパ節の腫《は》れが見られたりする。ときに敗血症によって、全身に出血斑《はん》が現れ、壊死《えし》によって皮膚が黒化する。黒死病と呼ばれる理由である。ただ、ペストすなわち黒死病と理解されることが多いが、ペストとはもともとは疫病一般を指す言葉で、記録にペストとあっても、かならずしも同一の病気とは限らないし、今日のペストと同じ病気と即断もできない。ちなみに、ポーの小説「赤死病の仮面」の「赤死病」とは架空の病気らしいが、エボラ出血熱といった新来の病気を予見しているようで、小説の内容以上に恐ろしい。ポーの小説には死の恐怖を扱ったものが多い。生きながらの埋葬を扱った「アッシャー家の崩壊」や「早すぎた埋葬」しかり、スペイン異端審問での死の拷問を描いた「落とし穴と振り子」しかり。いずれも息がつまるような極限状態が描かれるが、病気という目に見えない脅威を描いた「赤死病の仮面」は、今日でもリアルである。

当時の人びとに「疫病、ペスト」と目された病気の流行は、一四世紀だけではなく、それ以前にも、それ以降にも、頻繁に生じていた。エリザベス時代には、くり返し記録があり、シェイクスピアなどが活躍したロンドンの劇場は、疫病の被害が広がるのを防ぐために夏場には休業するのが普通であったし、実際に流行してしまうと閉鎖となった。そういうときには地方巡業に出るのだが、感染を恐れて、そういった旅回りの劇団の入市を拒否する都市も多かった。疫病の流行がくり返されたのは、地方都市も事情は同じで、北部の中心都市ヨークなどでも、夏場の祝祭で上演された大規模な市民主体の聖史劇が、一六世紀にも頻繁に中止されている。

そういったなかでも、王政復古間もない一六六五年にロンドンを襲ったペストの流行は、歴史上よく知られたものである。ロンドンのペスト流行についての「記録」としては、ダニエル・デフォーの『疫病流行記』（一七二二年）がよく知られているが、ペスト流行時にはデフォーはまだ子どもであったので、この作品は、実見録というよりは、いかにもデフォーらしい「ノンフィクションと創作のハイブリッド」ともいえる。この流行では、毎日一〇〇〇人以上の死亡者が出て、ロンドンの人口の一五パーセントに当たる七万人が命を落としている。ただし、ロンドンでのペストの流行は、一六六五年以前にもくり返されており、一七世紀だけでも、一六〇三年、一六二五年、一六四〇年に流行している。

一六六五年の流行の際、病気はカトリック教徒による陰謀であるとか、ユダヤ人が毒を撒いたといった流言が飛び交っている。一九二三年の関東大震災の際に、朝鮮人が襲ってくる、毒を井戸に入れた、といったデマが流れ、日本人の自警団などによって多くの朝鮮半島出身の人びとが殺されたのとよく似た話であるが、こうしたデマが信じられる構造も共通したものがあるだろう。つねに自分たちが差別し迫害している存在であるので、その恨みが噴き出すに違いない、こうした混乱のなかで、きっと復讐されるに違いない、といった後ろめたさの裏返しであり、近世の魔女狩りともよく似た発想ともいえる。

近代になって、病気の原因が科学的に解明されるようになると、中近世のような偏見にもとづく弱者攻撃は鳴りをひそめた、と考える研究者もいる。ただし、この変化を強調しすぎるのも問題かもしれない。科学的知識の広まりによって、かならずしも弱者への差別や偏見がなくなったわけではない。むしろ、一見科学的な装いのもとに弱者攻撃がなされることもある。たとえば、一九世紀末から二〇世紀にかけて、アメリカ合衆国で天然痘《てんねんとう》が流行した際、黒人の患者やその家族が、「感染を予防するため」という口実で白人によって襲われ、銃で撃たれることもあった。罹患《りかん》者が近づいてくるのを防ぐために暴力に訴えたわけである。また、二〇〇九年に日本で新型インフルエンザが流行した際、神戸・大阪の高校生の感染が確認されると、各地で関西圏の高校生というだけで恐れられ、修学旅行生が忌避されるといった、一種のパニック状態になったことは記憶に新しい。

いかに対処するか

ペストへの対処法としては、隔離が有効であることは、古くから認識されていた。中世の黒死病流行の際、地中海の港町などでは、患者のいる可能性のある船舶を四〇日間、入港させずに様子を見た。この四〇日間を意味するイタリア語（ヴェネチア方言）が、検疫のための隔離を意味する英語 quarantine の語源となっている。ロンドンの流行時も、ペストを出した家は四〇日間閉鎖され、扉にはその印が大書された。家人は外へ出ることは許されなかったので、当然、患者と一緒にいることになる。感染してしまう確率が高くなるのだが、病気が広がるのを防ぐことが優先されたのである。

患者を隔離するのとは逆に、自分たちが町を逃れて田舎の屋敷内に閉じこもるというのは、ボッカチオの『デカメロン』の設定である。デカメロンとは「一〇日間」を意味し、ペストの蔓延《まんえん》するフィレンツェを逃れ、近郊の村に避難した一〇人の男女が、暇をもてあまして、退屈しのぎに、二週間の間に、日曜などを除く（退屈とはいえ、安息日は守っているわけである）一〇日間、毎日一人が一話ずつ話をしてゆき、一〇〇話の話が集まった、というわけである。この複数の登場人物が順に話をするという枠物語（『千夜一夜物語』のように、大きな物語の設定のなかに、個別の短篇が配置されるもの）の設定は、カンタベリ巡礼の一行が順次話をしてゆくというチョーサーの『カンタベリ物語』にも受け継がれているのだが、残念ながら『カンタベリ物語』は未完に終わっている。

ロンドンのペスト流行時にも、上流階級や富裕層を中心に、人口の半分がロンドンから退避したとされる。ただ、病気を避けて町を逃げ出すという手段は、有効なはずだが、逃げ出した人間がすでに病気に冒されている場合は、避難所に病気を持ち込むわけで、ポーの「赤死病の仮面」の世界を彷彿とさせる悲劇が待っていることにもなる。ロンドンのペスト流行

図3－1　疫病のロンドンから逃げる人びとを追う「死」

の際に作られた木版画（図3－1）などにも、避難しようとする人びとを死が追いかけてくる様子を描いたものもあるので、あながち杞憂《きゆう》ともいえなかったのだろう。

一方、こうした避難が生み出した素晴らしい成果もある。ロンドンでペストが蔓延した一六六五年、ケンブリッジ大学も閉鎖され、教員・学生は故郷に戻ることになった。そんななかに奨学生に採用されていた若き日のアイザック・ニュートン（一六四二年生まれ）もいた。故郷ウールスソープでの一年半もの「休暇」の間に、万有引力の法則をはじめとする、彼の重要な業績が生み出されている。

リンゴが木から落ちるのを見て万有引力の法則を発想した、という有名な逸話は、このときのことであるが、一八世紀、ニュートンの晩年になってから登場するエピソードで、その真偽については明らかではない。リンゴの木があれば誰でも大発見できるわけではないが、研究にはそれなりの時間的余裕が必要なことは、今日の学問の世界（大学の研究環境）の雑事の多さを思うと、学術発展のためにもっと顧みられてもいいことだろう。

では、逃げ回るのではなく、病気そのものを予防・撃退する方法は考えられなかったのだろうか。中世の黒死病であれば、疫病は神が下された罰である、という理解から、罪の許しを請うために自らの身体を鞭《むち》打つ「鞭打ち苦行者」の集団がヨーロッパ各地で見られた。黒死病の流行を背景にしたI・ベルイマンの映画『第七の封印』（一九五七年）でも、その様子が描かれている。自らの罪を反省するだけならともかく、各地の鞭打ち苦行団は罪のあがないとしてユダヤ人攻撃に向かい、多くのユダヤ人が虐殺《ぎゃくさつ》されてしまうという悲劇を生み出すことになる。やはりスケープゴートが求められたのである。

一七世紀ロンドンのペスト流行の際も、カトリック教徒やユダヤ人に不審の目が向けられたが、さすがに神の怒りに帰するというよりは、より科学的な対応が前面に出ている。まず、病気流行の兆候をいち早く察知するためにおこなわれていたのが、一週間ごとに死亡者の数を調べ上げ、「死亡表」（図3-2）として刊行することであった。死亡表は一年分をまとめても刊行された。こうした継続的な統計から、死亡数の不自然な増加があれば、それは何ら

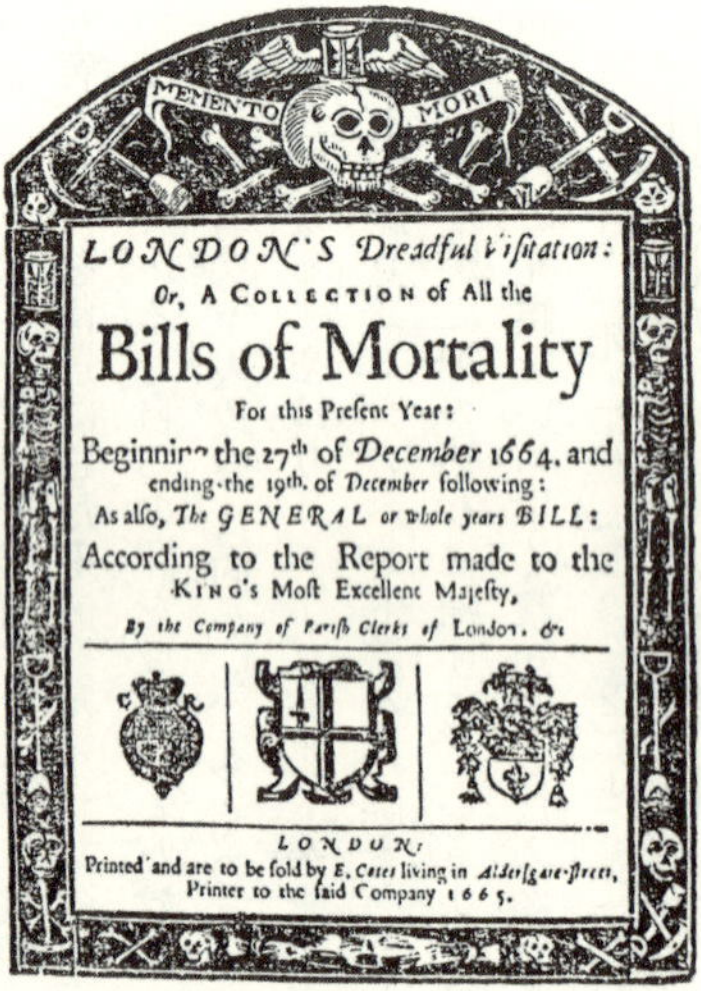

図3－2　死亡表の表紙

かの疫病によるものと判断し、できるだけ早く対策をとるというものである。

早期の対応はそれなりに効果はあったと思われるが、いかんせん、病気そのものについての知識はまだまだ未熟であった。ただ、中世以来の天体の運行や体液説によって病気を説明する考えが根強く残っているなか、感染症が何らかの病原体によって引き起こされる、という考えも広まってはいた。もともとは、中世のイスラム世界で提唱され、ルネサンス期にイスラム医学の知識がヨーロッパに伝えられたもので、一六世紀には受け入れる学者も増えていた。ただし、実際に病原体が確認され、証明されるのは、一九世紀になってパスツールやコッホの研究からである。それまでは、病気の元になるものが身体の外部にあるにしても、どういった形で存在するのか、さまざまに議論された。

近世以降、支持者が多かったのが、疫病は気体の形を取る「ミアズマ（瘴気《しょうき》）」が原因という考えである。よどんだ湖沼などから毒を含んだ気体が発生する、といったイメージである。空気が汚染されているという理解なので、匂《にお》いで予防したり、火で浄化することができるのではないか、とも考えられた。具体的には、ハーブの香りをかぐことで感染を防げると考えられた。近世のペスト流行の際に患者の対応にあたった人びとは、不思議な鳥のようなクチバシのついた防護服（図3-3）を着用したのだが、クチバシ部にはハーブが仕込まれていたのである。火での浄化については、通りのあちこちで盛大に篝火《かがりび》を焚いて空気を清浄にしようとした。

これらを無知にもとづく迷信として笑うことはできないだろう。見えない恐怖に対して人びとが平常心を保つことがむずかしいことは、福島の原発事故を思い起こせば、容易に想像できる。あのとき、われわれは、不安と恐れのなかで、見当違いな生け贄《いけにえ》を求め、捧げなかったと断言できるだろうか。そして、入り乱れるさまざまな情報とその解説の多さ。ある者は黒といい、ある者は白という混沌。さらに、現実に逃げざるをえなかった多くの人びとの悲しみと憤り。それに追い打ちをかけるようなさまざまな言説。いつか歴史的に検証されるとき、その実態と背景や影響が、政治的な思惑を超えた形で明らかにされることを願いたい。

図３－３　ペスト防護服（17世紀）

映画にみる現代の恐怖

「見えない」放射能や原水爆がもたらす恐怖は、これまでも多くの映画で描かれてきた。『渚にて』（スタンリー・クレイマー監督、一九五九年）、『博士の異常な愛情』（スタンリー・キューブリック監督、一九六四年）、『魚の出てきた日』（マイケル・カコヤニス監督、一九六七年）、『生きものの記録』（黒《くろ》澤《さわ》明《あきら》監督、一九五五年）、『黒い雨』（今村《いまむら》昌平《しょうへい》監督、一九八九年）などいくらでも作品を挙げることができるし、印象深い作品が多い。もちろん『ゴジラ』（本多《ほんだ》猪四郎《いしろう》監督、一九五四年）もその代表格である。また、先に挙げた『天国への階段』の冒頭でも、「どこかの星」（地球ではない）が核爆発によって滅びたとナレーションが告げる。核による世界の消滅に触れた映画としてかなり早い例といえるが、一九四六年の製作なので、原爆の生々しい衝撃が反映されているのは間違いない。

アニメや漫画の世界では、すぐに思いつく「宇宙戦艦ヤマト」の設定はもちろん、放射能の恐怖を扱った作品はもっと多いだろう。むしろ、ひとつのジャンルといえるくらい多様な作品が生み出されている。核戦争後の状況を描いたレイモンド・ブリッグズの絵本を原作にした『風が吹くとき』（J・T・ムラカミ監督、一九八六年）、原発事故後の世界を舞台にするジブリの短篇『オン・ユア・マーク』（宮崎駿《みやざきはやお》監督、一九九五年）などがよく知られている。

こうした映画のなかでも、黒澤明の『夢』（一九九〇年）の第六話「赤冨士」をここで外すわけにはいかない。原発が爆発事故を起こし、放射能をまき散らすなか、逃げ惑う人びと。原発関係者らしき男が、見えない放射能に着色する技術が開発されており、赤色はプルトニウム二三九、黄色はストロンチウム九〇、紫はセシウム一三七と、その人体への影響も含めて説明する。着色する技術によって「死神に名刺もらったってどうしようもない」という台詞《せりふ》が痛ましいが、男は、安全神話を説いた自責のなか、もはや逃げるところなどない、というあきらめから海に身を投げる。残された主人公（夢の主）と幼子を連れた女性は、漂い来る赤色の放射能をジャンパーで必死に払いのけようとする……。

公開当時の映画評では、原発が事故を起こすはずがない、放射能に着色するなどナンセンス、それを手で払って逃げるなど荒唐無稽《こうとうむけい》、といった批判めいたものがあった。筆者は、痛烈ではあるが、いささか誇張したブラック・ジョークと理解していたが、福島の経験は、それらが誇張などではなく、きわめてリアルな現実であることを示してくれた。あらためてこのシーンを見るとき、ただ慄然《りつぜん》とするばかりである。防護服の上に「雨合羽」を羽織り、ガムテープで目張りをする作業員の姿や汚染物質を箒《ほうき》で掃き集める様子に、SF映画に登場する近未来的なイメージとは正反対の、「赤富士」の夢以上にシュールな悲しい現実、人間の驕《おご》りと無力さに気づかされた人も多いだろう。先に挙げたペスト防護のための鳥のような衣装を笑う資格はわれわれにはない。原発事故時の作業の映像を見たとき、かつてタンカーが座礁《ざしょう》して石油が海に流れ出た際、海岸に流れ着く石油を除去するための道具は、人びとが手にした柄杓《ひしゃく》であったことを思い出した。いくら待っても、サンダーバードのような万能の科学機器はやって来なかったのである。

ロンドン大火

ペスト流行の翌一六六六年、ロンドンはこれまた大災害である「大火」に見舞われた。その際もカトリック教徒による放火説が流れ、ながく反カトリック・プロパガンダに利用され、広く信じられた（実際は、パン屋の竈《かまど》の火の不始末が原因であった）。一五八八年のアルマダ（無敵艦隊）襲来、カトリック教徒が国王と国会議員を爆殺しようとした一六〇五年の火薬陰謀事件と並んで、一六六六年のロンドン大火が、カトリック教徒の陰謀としてセットで喧伝されることになったのである（図３－４）。

カトリック陰謀説とは別に、前年のペストの害毒を消し去るために、しかるべき筋によって放火されたという噂《うわさ》もあったようである。六四年のローマ大火についても、キリスト教徒による放火説が広まり、多くのキリスト教徒が処刑されたが、一方でローマを嫌った皇帝ネロが都市計画のために火を放ったという噂も流れた。江戸時代の明暦《めいれき》の大火（一六五七年）にも幕府放火説があるように、理不尽な災厄にわかりやすい原因を求める心性から、こうした陰謀説が生まれやすいのだろう。

図3－4　アルマダ襲来（上），火薬陰謀事件（中央），ロンドン大火（下）を並べた反カトリック・プロパガンダ

ちなみに、ロンドン大火で焼け出された人びとが七万人もいたのに対し、死者は六名にすぎなかったとか、二〇名ほどなど、ともかくたいへん少なかったとされるが、それは記録から判別される死亡者の数で、記録に残されなかった（すなわち、名もなき庶民や記録にとどめるに値しないと考えられた下層の人びと）、もしくは痕跡《こんせき》もなくなってしまった死者がもっといた可能性は高い。もっとも、火事は四日間かけて燃え広がったので、家財を持ち出すことができたかどうかはともかく、着の身着のままで逃げる余裕は多少はあったのかもしれない。いずれにせよ、前年のペストに較べれば、死者の数は格段に少なかったのは確かだろう。

ロンドンの大火は幸い死者が少なかったが、それは災害としては、むしろ稀有《けう》な例である。江戸は何度も大火に見舞われているが、そのたびに多くの命が失われている。火事だけではない、地震や火山の噴火などの自然災害も大きな被害をもたらした。もちろん、それらは火事やその後の疫病の蔓延などをともなうことが多いので、単独で論じることはできない。

地　震

歴史的な地震といえば、一七五五年のリスボンの大地震がよく知られる。地震による建物の倒壊、火災、津波によって五万〜六万人が犠牲になり、リスボンの町は八割がた破壊されてしまった。ヨーロッパ史上、最大の被害をもたらした地震であるが、たんに人命や建物の被害の大きさという面だけではなく、神学や都市計画といった面に深刻な影響を与えた点でも歴史的に重要である。つまり、まだ「神の意志」が世界を司《つかさど》っていると信じる者が多かった時代、敬虔《けいけん》なカトリック国にこうした大災害を引き起こす「神」とは何なのか、という問題を突きつけたのである。啓蒙主義思想が影響力を広げていた時代、中世的な神の摂理から離れ、理神論的な議論に棹《さお》さす契機となったし、地震の科学的な解明への道を開いたことでも重要である。また、災害からの復興、より安全な新しい都市計画の策定において、宰相カルヴァーリョ（のちにポンバル侯爵）が果たした役割はめざましく、保守派貴族や教会勢力を排して、あたかも啓蒙専制君主のような権力を手にする契機となった。災害からの復興という点では、一世紀前のロンドン大火後の都市プランが、なし崩しの「復興」によってあまりうまくいかなかったのとは対照的である。

地震からの都市の復興ということでは、一六九二年にジャマイカを襲った地震で当時の拠点（海賊たちの拠点でもあった）ポート・ロイヤルが壊滅し、町の大部分が海没してしまった。そのため新たにキングストン（現在の首都）が湾の対岸に築かれたという例もある。

大地が揺れる経験というのは、ヨーロッパの地震の少ない地域に住む人びとにとっては、地震慣れしている日本の人には想像できないくらい強烈なことのようである。個人的な思い出話になるが、阪神大震災の後、イギリスで、地震はどれくらいの時間揺れたのだと聞かれたので、「およそ一〇秒ほど」と答えると、怪訝《けげん》な顔をされた。秒と分をいい間違えたのだろう、と思ったらしい。つまり、わずか一〇秒や二〇秒の揺れで、あれほどの被害が出るとはとうてい信じられなかったのである。ハリウッドのパニック映画にあるように、何十分にもわたって揺れつづけるようなイメージを持っていたのだ。

その後、二〇〇二年に在外研究でイギリスにいたときのことである。九月二三日の夜、部屋の本棚がわずかにカサッと揺れた気がした。風のせいかな、と思ってとくに気にもしなかったのだが、翌朝のTVや新聞には「イギリスで地震」という見出しが踊っていた。マグニチュード四・七で、体感的に日本人には地震にも入らないような揺れだったのだが、知人は「ついに地震を経験した。家具が揺れた」と興奮気味のメールを送ってきた。イギリスの人が日本の地震を体験したら、ショックで心臓が止まるかもしれない（実際、大きな地震の際、ショック死することはある）。その後、意外にイギリスで地震が続いているようで、二〇〇八年にもM五程度の、二〇一三年にはM四の地震が起こって「大々的に」報道されている。被害は不安定な植木鉢が倒れる程度であったようだが、イギリスの人びとにとっては、大地が揺れるという事実そのものが衝撃なのだろう。

いささか横道にそれてしまっているが、地震の思い出をあと少しだけ続けさせていただく。

二〇一一年の東日本大地震の際、原発事故の影響を心配する教え子の相談に乗るため、地震から一〇日後に東京へ向かったとき、東京タワーの先端部が揺れで曲がってしまっている姿が印象的であった。そのあと江戸川橋にある「印刷博物館」で開催中の「鯰絵《なまずえ》展」を訪れた。「鯰絵」とは、幕末の安政《あんせい》地震（一八五五年）の際にごく短期間だけ出現した錦絵《にしきえ》で、地震に苦しめられた庶民や鹿島《かしま》明神が地震の元凶である鯰を懲《こ》らしめる、といった様子を描いたものである。時期も時期で、館内には他に誰もいないなか、展示を見ていると、地震で寛永《かんえい》寺《じ》の五重塔の相輪《そうりん》部が傾いてしまった様子を描いた書物が目に入った。先ほど見た東京タワーの姿と重なり、何ともいえない気持ちになった。

鯰絵は、最初は多くの犠牲を出した地震への怒りが前面に立っているが、ほどなく、地震で儲《もう》ける人びと（大工や材木商など建築需要で儲かる人びと）への批判が現れる。さらには、地震を世直しの契機とポジティヴにとらえて社会改革を説くものが登場し、ついには幕政への批判となる。ここに至って鯰絵は幕府の取り締まりの対象となり、消えてゆく。こうした資料の展示を見ながら、目の前で進行している震災後の動きが二重写しになり、不思議な感興に襲われたのを思い出す。歴史が単純にくり返すわけではないが、過去を振り返ると、見えてくるものがあるのは確かである。これまで述べてきたヨーロッパの疫病や災厄時の状況と比較して、鯰絵も、多くの人命が失われた大災害に対して人びとがどのように対応し、折り合いをつけていったのか、など考えさせられるところが多い。ところで、この展覧、あまりに時機を得た展示であったが、もちろん地震前から始まっていたもので、その偶然の符合も不思議であった。

非衛生な環境

人びとを死に追いやったのは、非日常的な疫病や災害だけではない。むしろ、日々の生活のなかに忍び込む死因のほうが重要であった。なにより、人びとの住環境に問題があった。とくに生きるのに欠かせない水が問題であった。病原体の存在とその感染経路がよく理解されないうちは、誰かが井戸に毒を放り込まなくても、飲料水がすでに汚染されている、という意識は稀薄であった。たしかに経験的に、生水を飲むと体調を崩すことがある、ということは知られていただろうけれども、そこから水の管理を徹底しようとはならなかったのである。

よく知られた事例なので、簡単に触れるにとどめるが、ロンドンの町から生み出された大量の汚物や排泄物《はいせつぶつ》は、最終的にはテムズ川へ捨てられていた。しかも、飲料となる上水取水口より上流に。当然ながら、テムズ川が異臭を放っていたことは、ヴィクトリア時代、しばしば国会の議事が川からの悪臭でストップしたという事実が如実に伝えている。こうした状態の川の水を飲むということは、水質に文句をいっていられない庶民に限ったことではなかった。ヴィクトリア女王の夫君アルバート公ですら、おそらく飲料水が原因のチフスで死亡しているのである。事情はパリでも同じで、セーヌ川が最終的に巨大な下水道の役割を果たし、同時に上水供給源ともなっていた。

日本では、人間の排泄物を畑の肥料にしたので、江戸や大坂など、都市部では屎尿《しにょう》は大切な「資源」として回収された。ときには回収の権利をめぐって争いすら生じている。それに対して、ヨーロッパでは、人間の屎尿を農業に利用することはあまりなかったので、排泄物が回収されることもなく、ただ捨てられるだけで、いっそう市内や河川などの汚染が進んだ、とよくいわれる。たしかにそうなのだが、まったく人間の排泄物を利用しなかったか、といえば、そうでもないようだ。地域によっては、農業に利用していたことが明らかにされている。

一九世紀ロンドンの下層庶民の生活を克明に記録したヘンリ・メイヒューによると、ロンドンの汚物は、汚物溜《だ》めに集められ、そこから「ナイトメン」と呼ばれた作業員によって、運び出されたようである。その作業は、夜の一二時から朝五時までに限られ、作業員のほとんどは、昼間に別の仕事をしており、いわば下層民の「副業」であった。

たしかに、一時保管場所から移送されたのは間違いないようだが、その行き先はどこであったのか。すべてが農業に利用されたのだろうか。日本とは農業のあり方（農作業の実際）

が異なるので、肥料の使い方も異なったはずである。一年を通じて肥料を施したのか、その量は、などと具体的な方法についていろいろと疑問が湧《わ》いてくる。しかも、ロンドンの場合、街中に畑が広がっていたわけではないので、利用するにしても長距離の運搬が必要であったはずである。やはり、相当部分は、再利用されることなく、処分（地面に掘った穴に溜めたり、河川に流したり）されたと考えるほうがよさそうである。

農業以外にも、人間の排泄物を利用した産業があった。毛織物業と洗濯屋である。いずれも、布の洗浄に尿を使っていた。尿のアンモニアが洗剤として有効であったのだ。一七世紀末の女性旅行家シリア・ファインズは、イングランド南西部の都市エクセターで毛織物（サージ）の製造作業を見たとき、仕上げの洗浄作業に尿を使うことに驚き、その臭《にお》いのすごさを記している。臭いはともかく、こういった作業場で使用するためには、かなり大量の尿を集める必要があったはずである。

そうすると、農業での利用とは違った問題が出てくる。毛織物業で必要とされたのは尿だけなので、排泄物を大と小に分けて回収する必要がある。つまり、排泄する人の側にも分けてもらわないといけない。どのように溜めて、どのように回収したのか。必要とする事業者（毛織物業者や洗濯屋など）が自前で、収集に回ったのかもしれないし、特定の業者ではなく、たとえば貧窮者が当座しのぎの手間賃仕事としておこなっていたのかもしれないが、ただ、問題は、収集するためには、提供する側が尿を短時間にせよ「溜めておく」必要があるということである。よく知られているように、近代になっても住宅内にトイレという設備はなく（ヴェルサイユ宮殿にもなかったことは有名）、通常、「チェンバーポット」と呼ばれる陶器製などの壺《つぼ》型の容器で用をたして、その中身は、そのまま、街路に捨てていた。これをどのように分離・回収したのだろうか。残念ながら、筆者は答えを見つけられなかった。謎は深まるばかりである。ただ、こうした利用があったにしても、大部分の排泄物は、街中に捨てられ、いずれは河川を汚染したのは間違いない。利用されていたから、街中は清潔だったのだ、とは残念ながら結論することはできない。

そもそも、古くから水はかなり危険な飲み物であった。古代ギリシア・ローマ以来、ワインがよく飲まれたのは、たんに酒が飲みたい、酔っ払いたいというばかりではなく、アルコールで殺菌された安全な飲み物であったことも大きい。通常は酔わないように水を混ぜて飲まれたというのも、そういった事情による。一七世紀以降のイギリスで飲茶が流行したことも、熱湯でお茶を入れるという行為が、「結果的に」殺菌効果をもたらし、安全な飲み物になったことも一因であろう。水を煮沸《しゃふつ》すれば安全という「科学的」認識が広まるのは後のことである。

水の「危険性」は、意外なところでも意識された。労働者階級には、入浴は不健康なもので、身体によくないと考える者が多かった。垢《あか》といった「皮膚のコーティング」を落としてしまうと、毛穴から毒素が浸透してしまうなどと考えたのである。映画『マイ・フェア・レディ』の主人公イライザが、ヒギンズ教授の家で風呂に入れられる場面で、「死んでしまう」と叫んで必死に抵抗するのはそのためである。実際、浴室の設備がない時代、入浴のための準備はたいへんであった。風呂桶《おけ》に湯を張って、行水《ぎょうずい》のように入るわけだが、地下にある台所で湯を沸かし、それを手桶に入れて、上階の風呂桶まで何度も運び上げる必要がある。入浴が終われば、その逆コースで、湯をかき出さないといけない。蛇口をひねればお湯が出るわけでも、栓《せん》を抜けば排水されるわけでもない。頻繁に入浴するということは、使用人に頼ることができた上流階級ならではの贅沢《ぜいたく》であった。風呂桶が置かれた部屋は普通の部屋で、床は防水ではないので、湯船から出て身体を洗う、かけ湯をして石鹸《せっけん》の泡を流す、などということは論外である。すべてを湯船のなかで完結しなくてはならない。これが浴室としてしつらえられるようになった後にも、現代まで続く西洋ふうの入浴の作法となった。

ヨーロッパでトイレや風呂が普通の住宅にまで設置され、一般化するのは二〇世紀になってからのことである。他方、日本のような公衆浴場の発達は見られなかったので、いきおい浴室に縁のない庶民にとって、入浴は特別なことであり、ときには危険なものという迷信さえ生まれたのである。じつは、ヨーロッパでも、古代ローマに大浴場があったように、公衆浴場の歴史はあった。しかし、中近世以降、入浴はイスラムの風習であるといった偏見が生まれ、キリスト教徒には忌避すべき施設と考えられるようになっていた。近代になっても、大勢が一緒に入浴する浴場は、トルコ風呂のように、エキゾチックなものと理解され、一般家庭に入り込むことはなかった。このように、風呂の歴史は、生活習慣を超えて、宗教や倫理観、文化的偏見の歴史でもあり、興味深い主題ではあるのだが、本書は死の歴史である。道草はこのあたりでやめて本題に戻ろう。

子どもの死

死の原因はさまざまあるが、個々の死因はひとまずおいて、人びとを取り巻いた死の状況をざっと教科書的に俯瞰しておこう。

「昔は」栄養不良や劣悪な住環境、医療の未発達などのために、乳幼児の死亡率が高く、多くの子どもが成人する前に死んでいった、というのが今なお根強いイメージだろう。ただ、「多くの」といって、どのくらいなのか、と問えば、答えは曖昧になってしまう。もちろん、世界でも有数の幼児死亡率の低さを誇る現代の日本に較べれば、どの地域でも、どの時代でも、「多い」ということになるのだが、産まれた子どもの半分が大人になれなかった、といったイメージは、近代の西ヨーロッパについては、かならずしも正確なものとはいえない。

また、母親は、たくさんの子どもが死んでしまうので、それを補うのに足るたくさんの子どもを産んだ、というのも事実とはかけ離れている。

二〇世紀後半に進んだ人口史の研究によれば、近世（一六～一八世紀）のイギリスでは、一歳未満の赤ん坊の死は五人に一人以下、一〇歳までに死亡してしまう子どもは、四人に一人程度と見積もられている。つまり八割の子どもが一〇歳以上に成長している。一人の母親の出産数も四人程度であったとされる。すなわち、緩やかな人口増が見込まれる数字である。さらに、平均寿命は現代よりかなり短いので、より子どもの存在感があった社会であったといえる。現代の少子高齢化した社会とは反対の姿といえるだろうか。つまり、社会全体がより若々しかった。一七世紀末から一八世紀初頭、イングランドのある村では、人口のほぼ半数が二〇歳以下であったし、三〇歳以下の者は六割を超えていた。二〇世紀後半のイギリスの同じような村では、二〇歳以下の割合は三割程度、三〇歳以下は四割程度であるので、現代よりかなり若者が多い社会であったといえる。これは北西ヨーロッパにもほぼ共通した状況であった。

すなわち、かつて考えられたほど、「死」が人びとの生活を覆っていたわけではないが、かといって、みんなが長命であったわけでもない。一般に平均寿命（正確には、出生時平均余命）といわれるものは、新生児がこのあと何年生きることができるか、という期待値（平均余命）である。この期待値は、どのような年齢にもあって、八〇歳なら八〇歳なりの、九〇歳なら九〇歳での平均余命があり、たとえ平均寿命を超えた人であっても、ゼロになったりマイナスになったりするわけではない。また、人間の寿命は昔に較べて伸びた、とよくいわれるが、実際は、生物としてのヒトは、かならずしも長命になっているわけではない。つまり、昔から一〇〇歳近くまで生きた人はいたし、現代人でも一五〇歳まで生きる人はいない。ヒトの潜在能力としての寿命は伸びてはいない、ただ、高齢まで生き延びる人が増えているだけなのだ。裏返しにいえば、医療の改善や生活環境の向上によって早死にする人が減っている、ということである。したがって、残念なことに、平均寿命が伸びたからといって、その分「若い」時期が伸びたわけではなく、老人期が伸びただけ、ともいえるわけで、高齢者問題が切実になるのも道理である。

間引き

さて、子どもの死と親の関係である。こう書くと、昨今の親による子どもの虐待死を想起されるかもしれないが、ここで虐待死について触れるつもりはない。ただ、歴史研究においても、親の愛情の欠如《けつじょ》が子どもを死に至らせたのではないか、という指摘があることも事実である。親が育児に不慣れなために第一子の死亡率が高くなる、というのは理解できるが、近世イギリスなどでは、何人かの子どもが産まれたのちに死亡率が上がっていることがある。はっきりした理由はわからないのだが、不慣れでは説明できないとなると、まさにその逆、慣れによるミス、扱いがぞんざいになったという説明も可能だろう。もしくは、もっと厳しい現実として、いわゆる「間引き」がおこなわれた可能性も否定できない。赤ちゃんの添い寝をしながら、慣れによる気の緩みや不注意から寝入ってしまい、寝返りとともに子どもを押しつぶしてしまうこともあっただろうし、そういった「ふり」をして子どもを間引くこともあったかもしれない。

生存することが現在よりよほど厳しかった社会において、養育する子どもの数を何らかの手段で「調整する」ことがおこなわれたのは、容易に想像できる。しかし、間引きに至る動機は、生活が苦しいだけではなかったかもしれない。日本の江戸時代の例であるが、スーザン・ハンレーの研究によれば、かならずしも飢餓に苦しんでいるわけではない家でも間引きがおこなわれていたことが確認できるという。その動機は、家の生活レベルを下げないために、すなわち村落内での家のステイタスを維持するために、子どもの数を調整したと見られている。かなりドライで「非情」とすらいえる動機ではあるが、「家」の存続と「家格」の維持が何より大事と考えられた社会では、必要以上の子どもは大きな負担であった。同じようなことが近世のイギリスでおこなわれていたとしてもそれほど不思議ではないだろう。

もちろん、それは平然と間引きがおこなわれていた、ということをかならずしも意味しない。親の心にどれほどの葛藤《かっとう》があり、どれほどの悲しみがあったのかについては、後世のわれわれは、ただ推し量ることしかできないのだが、それは当時の社会の厳しさを知らない現代人のセンチメンタルな思いにすぎないという批判もまたありうるだろう。おとぎ話でよくあるような、継母《ままはは》が継子《ままこ》をいじめ、死に至らしめようとする話は、その多くが民話の原型では実母が実子に対しておこなったことであった、ということが指摘されているように、現在の親子間の情愛のあり方――それも、そうあってほしいというわれわれの願望によってバイアスのかかった思い込みかもしれないのだが――を前提にすることはできないかもしれない。意図的な死があったかどうかはともかく、現在よりもよほど乳幼児の死亡率が高かった状況下では、親もそれなりに心の準備ができていたかもしれないし、自分たちだけがなぜ不幸を負うのか、という思いも現代ほどには強くなかったかもしれない。こうした問題については、これまでも歴史研究が重ねられてきたが、いまだに議論が絶えない課題である。

家族の情愛

ところで、先述のように、新生児が洗礼を受ける前に死亡した場合、キリスト教徒になっていないので、厳密にいえば、天国行きはかなわないということになる。それを避けるために、死産に近いかたちで生まれてきたような、司祭による洗礼が間に合わないと考えられた場合、産婆《さんば》が洗礼を施すことが認められていた。それによって新生児は汚れを知る前に無垢《むく》のまま神のもとに召される。これは子どもを失った親にはいくばくかの慰めになっただろう。

しかし、宗教改革の後、この手続きはいささかやっかいな問題をはらむことになる。隠れカトリックの家族で、教区教会でプロテスタントとしての洗礼を受けるより先に、生まれたばかりの赤ん坊に、産婆がカトリックとしての洗礼を施してしまうことがあったのである。もちろん、カトリック地域で、ひそかにプロテスタントしての洗礼を施してしまうといった、逆の事例もありえた。そのため、当時、教区での聖務が遺漏なくおこなわれているかを視察する教会巡察では、産婆への監視がわざわざ調査項目として挙げられている。

幼い子どもの死が、どれほど家族に深い悲しみをもたらしたのかは、客観的な証拠で示すことはむずかしい。親が子どもの死を悲しむのは当たり前、というだけですますこともできない。われわれからすれば不思議なことであるが、中近世のヨーロッパでは、兄弟姉妹に同じ名前をつけるということもあった。名付けという行為が、親の愛情、もしくは子どもへの関心の度合いを示すといえるならば、これは親子間の情愛のありようを推し量る事例といえるかもしれない。もちろん、早世した兄や姉の名前を弟や妹につけて、その死を乗り越えようとした、という解釈もできるだろう。一方で、早世した兄姉の「代わり」として、そのまま「兄」「姉」として育てるということもあったようだ。日本でも、昔は、兄姉が死亡した際に役所に届けず、のちに生まれた弟妹を、そのまま戸籍上は兄姉として育てたという例はある。そこまでではないにしても、筆者の母親は、二月節分の生まれなのだが、忙しさにかまけてなのか、何人もの兄姉のあとに生まれた慣れからなのか、親が出生届を出すのを怠り、届けが出されたのはひと月後となった。そのため、名前は「節分」にちなんだ名前であるのに、戸籍上の誕生日は三月になっている。こうした事例は、親の愛情の強さ（弱さ）を示す指標となりうるのか否か、かなり解釈のむずかしい問題である。

子どもの死を考える上で触れておく必要があるのが、生活環境の問題である。衛生状態（とくに都市部の）が死亡率に影響したことは、大人も子どもも変わりないが、子どもにはより深刻な影響を与えたことは容易に想像がつく。その上で、さらに子どもを取り巻いた危険が、育児に関する迷信的な習慣である。

なかでも現代人にもっとも奇異に見えるのが、中世から近世におこなわれた「スウォドリング」（図3－5）だろう。乳児を帯状の布でぐるぐる巻きにするのだが、絵画などにもしばしば描かれているので、目にした読者も多いかもしれない。辞書などでは「オムツ」などという訳語もついているが、オムツとは似ても似つかぬものである。漫画的に描いたミイラのイメージが一番近い。赤ん坊の手足を固定するのが目的なので、ゆったりと布を巻き付け

図3－5　エリザベス時代の肖像に描かれたスウォドリング

るのではなく、きつく縛り付ける要領。現代人の目から見れば、これでは発育に障害をもたらし、ひいては死亡率に影響したかもしれないのだが、当時の人びとは、こうして固定しておかないと、手足の十分な発育が望めない、手足が獣のようにぶらんと下がってしまう、と考えたようだ。そうしないと子どもの健康に影響すると思い込むと、やめようとは考えないので、習慣がいつまでも続くことになる。もちろん、スウォドリングについても、のちには、医学的におかしいのでは、という疑問も出されるようになるのだが、なかなかなくならなかった。その習慣が廃れるのは、科学的な思考が勝利したためではなく、上流階級でゆったりした産着《うぶぎ》が流行しだしたことで、そちらに取って代わられたためである。そして、今なお、赤ん坊は、ゆったりした必要以上に裾《すそ》の長い服を着せられている。後世の歴史家は、裾の長い産着への執着の持久力に驚嘆し、失笑するのだろう。

親の死

さて、子どもの死だけが家族のあり方に影を落としたわけではない。親の死もまた重大な影響を及ぼすことになる。とくに主たる稼ぎ手である夫に先立たれた女性は、生活が成り立たないため、再婚することが多かった。その際、前夫との間に設けた子どもは連れ子となるわけだが、その後、女性が死亡し、男性が新たな妻を迎えた場合、前妻の連れ子は、両親ともに血縁関係がないことになる。こうした再婚がくり返されると、親子間だけではなく、連れ子たちの間でも血縁関係がたいへん複雑になってしまうが、こうした例が、近世のイギリスではまれではなかったことが明らかにされている。こういった家族構成の場合、親子間の愛情のあり方というのは、われわれの常識とはかなり異なったもののように思いがちであるが、代理出産や同性婚夫婦の養子など、きわめて今日的な親子関係を考える上で、重要な示唆を与えてくれるかもしれない。

片親になった子どもはまだ親がいるだけよかったのかもしれない。両親ともになくした子どもを待ち受ける境遇はより厳しいものであった。引き取ってくれる親戚《しんせき》もいなければ、ディケンズの小説でもお馴染みの孤児院に収容されたり、救貧の制度によって教区の世話で徒弟に出されることもあった。いずれも、それで幸せになれるといったものではなかったが、しかし、そうした脆弱《ぜいじゃく》なセーフティネットからもこぼれ落ちた子どもたちは、浮浪児となり、犯罪の世界に足を踏み入れることになったかもしれない。もしくは、浮浪児として収容され、海外の植民地に送り出されたかもしれない。帝国発展の礎といえば聞こえはよいが、要は棄民である。海外植民地をもったイギリスならではの方策であるが、何らかの事情で親が育てられなかった(育てなかった)子どもたちを海外に送り出すことは、二〇世紀の半ばまで続けられるのである。

2 処刑

人の目に晒される処刑

人に死をもたらすものとして、歴史的な観点から興味深いのが、処刑である。処刑数が人口動態に影響した、ということではもちろんなく、どのように処刑されたのか、それが人びとの目にどのように映ったのか、という文化的な面での興味である。処刑とは、たんに犯罪者の命を奪うだけではなく、罪に応じていかに苦痛を与えて死に至らしめるか、それをいか

図3－6　ホガースの連作『勤勉と怠惰』

に効果的に人びとに見せて犯罪の抑止力にするか、ということが重要であったので、多くの人びとが見ている前でおこなわれなくてはならなかった。今日の多くの処刑が、人びとの目を避けてひそかにおこなわれるのとは正反対である。

処刑が多くの人びとを集めるイベントであったことは、一八世紀イギリスの画家ホガースの作品に描かれたとおりである。『勤勉と怠惰』と題された連作の終盤、怠け者の徒弟が自堕落な人生の報いとして、絞首刑に処せられる場面である（図3－6）。集まった群衆、さまざまな売り子、有料の見物席。多少の誇張はあるにしても、処刑場の「熱気」が伝わってくる。ホガースの一世紀前、いわゆるピューリタン革命時には、国王チャールズ一世の処刑の様子が、数多くの版画作品（もっとも、点数は多いが、元になった作品を写したものが多く、ほとんどが同じ図様である）に描かれ流布した。こちらは、王党派の視線で描かれているので、王の処刑を見て卒倒する人物が描かれているなど、処刑を「楽しんでいる」といった様子は感じられないものの、群衆を集めるイベントであったことは共通している。さらにその一世紀前には、ジョン・フォックスの『殉教者の書』にたくさんの処刑図が収められていたが、この作品については、のちに詳しく触れたい。

処刑の苦痛を目に見える形で人びとに晒《さら》すことで、罪を防止しようとしたことは、その裏返しとして、処刑を免れることができることが、感謝の念に結びついたことも想像される。一八世紀のイギリスは、「死刑となる犯罪がもっとも多い国」といわれるほど、処罰の苛酷《かこく》さで知られていた。家畜泥棒や密猟が厳罰に処せられ、なんとわずか一二ペンス以上の価値がある物品の窃盗までが死罪に定められていた。支配層である地主・富裕層の財産を脅かすことが、もっとも危険視されたのである。

ただ、判決を受けた者のすべてが処刑されたわけではなかったらしい。裁判官もそう無慈悲ではいられなかったのだろう。判決後、国王による恩赦によって刑を減じられたり、「聖職者特権」を申し立てて処刑を猶予《ゆうよ》されることもあった。聖職者特権とは「聖職者は世俗権力によって裁かれない」という、教会が力をもっていた中世に起源のある制度で、その後、拡大解釈されて、文字を読むことができる者は聖職者と同等と見なされ、罪を減じられるという慣習になっていた。「恩赦」ともなれば、国王への感謝の念、慈悲深き国王というイメージの醸成にも寄与しただろう。

もちろん、死刑を免れたからといって、無罪放免というわけにはいかない。代わりに流刑になる者も多かったし、軍隊に入ることを条件とされる場合もあったようだ。流刑先は形成途上の植民地で、まさに帝国形成のための人的資源の供給システムとして機能させたわけである。犯罪者を国外に放逐《ほうちく》し、植民地を作り、さらに帝国を守る兵力を補塡《ほてん》する。一挙両得の方策である。

そもそも、死刑判決が多いのは、犯罪者の扱いをめぐるやっかいな問題も背景にあった。今日であれば、刑務所での服役のあと社会復帰、という流れが普通であるが、刑務所という設備が未発達・未整備であったし、犯罪者の矯正《きょうせい》の重要性も十分に理解されていなかった。そういう社会では、犯罪者をどう処置すればよかったのか。死刑でなければ、鞭打ちなどの身体刑を与えた後、釈放、ということになるので、そのまま社会に戻すのは危険と考えられる犯罪者にはいきおい死刑判決が下されることになった。海外に植民地を獲得していったイギリスならではの刑罰である流刑は、その両極端の格好の緩衝的な処罰として機能したのである。江戸を舞台にした時代劇であれば、「所払い」という判決が下される場面が登場するが、あれは江戸からの放逐で、江戸の治安は守られるかもしれないが、放逐された地方ではいい迷惑である。実際、イギリスでも、当初流刑植民地として重要な役割を果たしたオーストラリアも、のちには自由移民が中心となり、流刑中止を求めることになる。

絞首・斬首・車裂

少し話がそれたが、処刑に話を戻そう。処刑にはさまざまな方法が考案されてきた。人間、残忍になるのは、寛容になるより容易であるらしい。猛獣に襲わせるというのは、『旧約聖書』によく登場する（聖なる人は襲われずに助かるのだが）が、聖書の世界では神もそうとうむごい。ノアの家族以外の人間はことごとく、洪水で溺死《できし》させられたし、ソドムの町は焼き尽くされた。モーセを追ってきたエジプト兵は、紅海でやはり溺死。黙示録に描かれるこの世の終末の様子も凄《すさ》まじい。

初期キリスト教徒への迫害も、さまざまな残忍な処刑法が用いられている。一七世紀ヨーロッパの戦争の悲惨さを描いたジャック・カロの銅版画でも、大きな木に絞首刑になったたくさんの遺体が鈴なりにぶら下がっている、といった作品がある（図3－7）。もっとも、戦争時の処刑を描いた作品としては、カロなどはまだおとなしいのかもしれない。ゴヤの銅版画集『戦争の災禍』には、正視するのが辛くなるような、鑑賞者のトラウマになるのではないかと思えるほど凄惨《せいさん》な処刑、殺害法が、これでもかというほど多数描かれている。そう

図3－7　ジャック・カロ『戦争の惨禍』1633年より

いった目を背けたくなるような処刑に対して、石川五右衛門《いしかわごえもん》でお馴染みの「釜ゆで」というのは、お風呂の連想からか、いささか「ゆるい」印象を持ちがちであるが、実際はかなり残酷なものであったようで、江戸時代になるとむごいということで廃止されている。たしかに、西洋の地獄図には責め苦として釜ゆでが描かれている。文字通り、地獄の苦しみであったわけである。ちなみに、イギリスのヘンリ八世も釜ゆでの刑を実施したらしい。

カロの絵にもあるように、処刑法として、おそらくもっとも一般的なのが縛り首だろう。現在の日本の死刑も絞首刑であるし、西部劇の世界でのリンチ（私刑）の手段としてもお馴染みである。ロープ一本あれば、どこででもすぐに実施できるという手軽さもあるのだろう。イギリスでも、縛り首は「普通の」犯罪者に対する処刑法として古くからおこなわれていた。ロンドンでは、タイバーン（現在のハイドパークの北東端あたり）が処刑場で、その「盛況ぶり」は、先のホガースの例で見たとおりである。しかし、縛り首というのは、即死というわけではなかったようだ。裏返せば、処刑される者からすれば苦しいので、犯罪者の処刑の際には、処刑場に紛れ込んだ手下が、処刑される親分の足を引っ張ることで死を早めて楽にしてやる、といったことも起こったらしい。「不完全な」縛り首からの蘇生《そせい》というのも、小説などではよく出てくる設定である。映画では、大島渚《おおしまなぎさ》監督の『絞死刑』（一九六八年）が、この蘇生を素材に、日本における在日朝鮮人の問題を取り上げ、痛烈な社会批判を繰り広げている。

縛り首が庶民のための処刑法であったのに対して、身分や地位のある人びとに用いられたのが「斬首《ざんしゅ》」である。見た目も苦痛に歪《ゆが》んだ顔を晒す縛り首に較べて「きれいに死ねた」であろうし、即死であれば苦痛が少ないという点が、身分に配慮した処置なのだろう。斬首の手段は、イギリスでは斧《おの》による処刑が一般的であった。ただ、誰でもできる絞首と違って、斧で首を切り落とすのは、かなりむずかしく、それなりの腕前を要した。そう簡単に人間の首を切り落とすことはできないようなのだ。下手な処刑人の手にかかると、一撃で死に至らせることができず、受刑者は苦しむことになった。これでは、せっかくの即死という配慮が無になってしまう。

ヘンリ八世妃アン・ブリンは、王の寵愛《ちょうあい》を失うと、不倫の罪によって処刑されるが、本人の希望で、斧による斬首ではなく、剣による斬首を望んで、わざわざフランスから専門の処刑人を呼び寄せている。剣のほうが振り回したときの遠心力で、間違いなく苦しむことも少なく、きれいに処刑してもらえると考えたのだろう。やはり、王妃たるもの、濡《ぬ》れ衣《ぎぬ》による無念の死であっても、死に臨んでは、毅然《きぜん》とファッショナブルでなくては。

斬首にはしかるべき技量を要したので、専門の処刑人という職業が存在することになる。フランスで二〇〇年以上続いたサンソン家が有名だが、なかでも四代目のシャルル＝アンリは、フランス革命期に生きて、ルイ一六世やマリ・アントワネットを処刑したことで知られる。彼の処刑人としてのキャリアの末期にはギロチンが登場し、ルイ一六世の処刑にも用いられている。もともとギロチンは、失敗の多い斧による処刑が残酷であるという理由で、できるだけ苦痛を与えずに処刑する「人道的な」方法として導入されたものである。提案者は医師のジョゼフ・ギヨタンで、彼の名にちなんでギロチンと呼ばれることになる。しかし、処刑人の消耗が激しい斧での斬首に較べて、処刑が容易になったため、ダントンやロベスピエールなど、革命の指導者を含め、多くの人びとが断頭台の露と消えることになったのはよく知られた話である。

しかし、絞首にしても斬首にしても、処刑される側からは、まだましな部類であったのかもしれない。中世・近世に広くおこなわれた「車裂《くるまざき》の刑」となると、かなり痛ましい。「くるまざき」という刑は、世界各地にあるが、内容は異なる。中国や日本では、罪人の身体を

図3－8　「車輪刑」（ジャック・カロ『戦争の惨禍』より）

文字通り「引き裂く」処罰である。古代中国での例では、四肢をそれぞれ馬車につないで、馬車が各々異なった方向へ進むことで、四肢と胴体に引き裂く。さすがに残酷すぎるので、唐代以降はほとんどおこなわれていないようである。日本では、牛に引かせたので「牛裂き」と呼ばれる。白土三平《しらとさんぺい》の『忍者武芸帳』やマキノ正博《まさひろ》のサイレント映画『浪人街』（何度もリメイクされたが、一九九〇年にも本人監修による黒木和雄監督作品が製作されている）にも描かれているが、これも実際におこなわれたのは戦国期に限られるようである。「八つ裂きの刑」と俗称されるが、実際には身体を五つに引き裂く。

西洋でも、同様の引き裂き刑は存在し、方法もほぼ同じである。フランスでは国王や王族の殺害および未遂といった、いわゆる大逆罪に対する処刑法として用いられた。近世にいくつかの実例があり、最後の実施は一七五七年であった。また、こういった引き裂き刑とは別に、中世から一八世紀まで、「車裂きの刑」もしくは「車輪刑」と呼ばれる刑罰があった（図3－8）。

これは処刑者を大きな車輪にくくりつけて、四肢を叩《たた》きつぶすというもので（四肢を粉砕してから車輪に結わえる場合もある）、死体はそのまま衆目に晒される。四肢を砕くために車輪を用いる場合もあった。

「絞首・引き回し・四つ裂き」の刑

車裂の刑はかなり凄惨だが、それにも増して恐ろしい処刑法は、イギリスでおこなわれた「絞首・引き回し・四つ裂き」だろう。いささか名称がくどいが、英語でも hanged, drawn and quartered と三つの刑が併記されている。この刑罰は、「大逆罪」を犯した者に対して用いられた。大逆罪とは、一言でいえば、国王に対する反逆であるが、この罪に該当する行為はもう少し広い。まずは、基本である君主の殺害を謀ることや国王に対する反乱、君主の敵に与すること。そして、少し意外なのが、君主の妻との不倫、君主の未婚の娘との性交渉、次期王位継承者（皇太子）の妻との不倫といった行為が大逆罪とされた。王族の女性との性交渉が「大逆罪」になるのは、それらの女性が出産した場合、はたして本当に国王や皇太子の子どもであるのかどうか、王の血統の正統性への疑義を生じる可能性があるためである。したがって、女性が男性王族と性交渉をおこなってもこの罪には該当しなかった。王統の維持が大切であったので、王位継承者の系譜を絶やそうとする企ても大逆罪になった。それ以外では、通貨偽造や国王の印章（玉璽《ぎょくじ》・国璽）の偽造が大逆罪と規定されていた。社会秩序の混乱を引き起こすことが、国王の権威への挑戦と見なされた。

エリザベス時代になると、カトリック教会との対立を背景に、次のような場合も大逆罪に該当すると追加で規定された。まず、ローマ教皇の権威を認めること、つまりカトリック信仰を捨てていないと認定されることが三回くり返された場合である。ちなみに、初犯は「軽罪 misdemeanour」、再犯は「重罪 felony」として処罰された。

さらに、イングランドに入国し、国教会に服従することを拒否したカトリック司祭も大逆罪に該当し、そういった司祭が、人びとに国王や国教会への忠誠をやめさせ、外国勢力に協力させようとした場合も大逆罪とされた。実際、イエズス会などカトリック勢力には、さまざまな手段でエリザベスの廃位・殺害を企てるものもあったし、カトリック教徒であること自体が、外国勢力に荷担して国王の命を危うくするものと見なされれば、本来の大逆罪の規定に触れることになった。エリザベス治世下で、二〇〇名ほどのカトリック教徒が処刑されているが、そのほとんどが、宗教的な異端の罪ではなく、女王への反逆を理由としたものであった。つまり、あくまで「政治犯」として裁かれたのであって、信仰ゆえに処刑されたのではない、というスタンスを取っている。エリザベスの義姉メアリ一世の時代、プロテスタントが「異端」として処刑されたのとは対照的である。この違いは重要な問題をはらんでい

図3－9「絞首・引き回し・四つ裂き」の刑（R・ローランズ『異端者の残虐』1587年より）．処刑されているのはカトリックの司祭

るので、あとで詳しく触れたい。

こうした大逆罪に対する処刑法が、「絞首・引き回し・四つ裂き」の刑であった（図3－9）。まず、処刑される者は木製の枠もしくは戸板に縛り付けられ、馬で処刑場に曳《ひ》かれてゆく。木枠や戸板が用いられず、そのまま引きずられることもあった。

刑場では、処刑の前に自らの犯した罪について懺悔《ざんげ》させられたが、かえって不都合なことを喋《しゃべ》ろうとすると猿ぐつわを咬《か》まされ、発言を止められた。そして、まず絞首されるる。ただし、ここで死亡してしまったのでは普通の絞首刑になってしまう。この処罰の場合、絞首刑で死亡させるのではなく、死亡する直前に絞首台から下ろされた。そして、生きながら、性器を切除され、内臓が引き出される。それら切除されたものは、その場で火に投じられ焼却されたのだが、瀕死の状態とはいえ、処刑される者は自分の目でその様子を見ることになった。つぎに首が切り離され、次いで身体を四つ（両手両足を別々のパートにする）に切断された。切断には斧などが用いられたようである。バラバラにされた肉体は、晒場で見せしめのために晒されることになる。とくに首は、槍《やり》状のものに突き刺されて、ロンドン橋のたもとにあった晒場に晒されることが多かった。ヘンリ八世によって処刑されたトマス・モアの首もロンドン橋に晒されたのである。もっとも、モアは斬首刑であって、四つ裂きにはされていない。近世のロンドンの絵図などでは、ロンドン橋のたもとにいくつもの首が晒されている様子が描かれている。全国を震撼《しんかん》させたような重罪人であれば、切り分けられた四肢が、遠くの主要都市まで運ばれて、そこで晒されることもあった。右手はヨーク、左手はチェスター、右足はどこそこ、といった具合である。こうした見せしめは、抑止効果を狙《ねら》った処置であるので、できるだけ広範に謀反人《むほんにん》の末路を知らしめる必要があったのである。

この刑罰は、時代劇に登場する「市中引き回しの上、磔《はりつけ》、獄門（晒し首）」と似ていることとは、すぐに気がつくだろう。しかし、両者の名称を比べてみると、素朴な疑問として浮かぶのは、イギリスの刑の名称が「縛り首」「引き回し」「四つ裂き」の順になっていて、刑の手順と異なっている点である。これについては、「曳く draw」が二番目に来るのは、馬に曳かせて市中を引き回すことを指すのではなく、内臓を「引き出す」ことを指すという説明もなされている。たしかに、刑罰としては、戸板に乗せられて市中を引き回されるだけでは、併記される他の二つに較べて、いささかインパクトが弱い。この場合、名称は「絞首・内臓掻《か》き出し・四つ裂き」がふさわしいのだが、凄まじさが倍増する気がする。

さて、いま述べた処刑は、大逆罪を犯した「男性」に対するもので、女性の場合は、火刑が大逆罪の処刑法であった。木の柱に鎖で縛り付けられて、火あぶりにされるのである。魔女狩りなどでお馴染みの処刑法である。なぜ女性には異なった処刑法であったのか、その理由はあまりはっきりしないが、四肢切断などの過程で、女性の裸体が晒されることになるのを避けたとも考えられている。もちろん、処刑される女性の気持ちに配慮してではなく、見ている男性にいらぬ感情を起こさせないためである。火刑だから、男性の「絞首・引き回し・四つ裂き」よりましであったかどうかは、あとで述べるように、疑問である。後には、生きたまま焼かれるのではなく、まず絞首してから火に投じるようになるが、エリザベス時代——カトリック教徒が大逆罪で処刑された時代——では、まだ生きたまま火刑とされた。

しかし、貴族など高貴な人びと、地位のある者に対しては、斬首されたトマス・モアの例のように、四つ裂きの刑はおこなわれなかったようだ。アン・ブリンの場合、罪状として挙げられたのが不倫、しかも実の兄弟との性行為とされたので、大逆罪に該当することになる。

しかも、魔術でヘンリ八世をたぶらかした「魔女」であるというおまけの罪までついていた。大逆罪で魔女となれば、当然火刑に処せられるべきであるが、身分ある者としての処刑、斬首になっている。同じくヘンリ八世妃で、不倫の罪（こちらはアンとは違って、実際に不倫していたようである）で処刑されたキャサリン・ハワードも斬首であった。また、元スコットランド女王、メアリ・ステュアートの処刑も斬首であった。エリザベスの排除を狙った陰謀への荷担という紛れもない大逆罪であったので、定めによれば火刑であったはずだが、やはり元君主という地位を尊重して、名誉ある処刑がおこなわれたのである。

火刑

さて、その火刑であるが、キリスト教世界では、他の処刑とは少し意味合いが異なり、宗教的な要素が強い。日本での火葬とは違い、灰になるまで焼く、もしくは焼け残った骨を砕いて、捨て去る。これは、第一章で述べたように、「最後の審判」の際に、復活できなくする、つまりこの世界から完全に未来永劫消滅させることを意味する。火刑になるような人物であるから、地獄行きは間違いないはずなのだが、地獄へ送るより、永久抹消のほうが、少なくとも宗教的には、恐ろしいと理解されたのだろう。魔女狩りで火刑が多く用いられたのは、やはり悪魔の仲間を抹消するという面に意味があったのだろう（ちなみに、イングランドでは、魔女は絞首刑が普通だった)。

一方で、処刑者に対する「配慮」を示す解釈もある。炎には、煉獄の火と同じで、罪を浄化する作用があると見なされた。不死鳥が炎で焼き尽くされたのちに復活するように、「新生」といったイメージも重なってくるだろう。つまり、宗教的に罪深き存在であるので、炎でその罪を浄化してやるのだ、という説明である。それならば、骨灰くらいはきちんと取り扱ってもよさそうだが、骨の髄まで異端の罪は染みこんでいる、ということだろうか。消滅と浄化はどのように両立するのだろう。

火刑の理念的な意味づけはこういったものであったが、実際に処刑される身には、かなりの苦痛を与えるものであったようだ。火刑柱に鎖で縛られた処刑者の周りに薪《まき》や柴《しば》を積み上げて、そこに火をつけるわけだが、おそらく燃料の状態によって、かなり事情が違っていたと思われる。生木に近い薪であれば、炎より煙のほうが多かっただろう。実際、焼け死ぬより前に煙で窒息する場合もあったとされる。焼け死ぬのと窒息死とではどちらがましなのか、という議論はいささかグロテスクだが、処刑者が誰であるのかによって、見せしめの効果や温情配慮によって薪を選んだ可能性も否定できないのではないか。ただ、人ひとりを焼き尽くすには相当量の燃料が必要なので、火刑というのはかなり不経済な刑であるのは間違いない。ジョン・フォックスの『殉教者の書』といった、同時代の記録の挿し絵(図3-10)を

図3－10　ジョン・フォックス『殉教者の書』挿し絵

見ると、処刑者の周りに山のように薪や柴が描かれている。燃料が足りない場合には、やはり死に至るまでの時間が長くかかったのかもしれない。

いずれにせよ、われわれの目には凄惨な光景に思えるが、中世・近世の人びとの目にはどのように映ったのだろう。フォックスの書物は、処刑される側（プロテスタント）の視点で著されているので、火刑を見守った人びとは悲嘆にくれ、かえって自らの信仰を強固なものにした、ということになるのだが、同時代の記録には、物見遊山的に火刑を見に行ったと解釈できるものもある。絞首刑が一九世紀になっても「見世物」であったように、火あぶりも一種のスペクタクルとして、意外に平然と「楽しんだ」のかもしれない。

3　アイデンティティとしての殉教

イエスの十字架刑

処刑について詳しく見てきたが、これは猟奇的な関心からではない。処刑はキリスト教の本質に関わる問題なのである。処刑によってもたらされた死がキリスト教を作ったとさえいえるだろう。すなわち、十字架にかけられたイエスである。「神の子」であるイエスが処刑されたという事実は、初期のキリスト教に重くのしかかった問題であった。当然、他の宗教からは「神の子」なら、どうして罪人として十字架刑に処せられるのか、神が救わなかったということは、神の子などではなかったからではないか、という批判・攻撃は容易に想像できる。この十字架による刑死の意味を逆転させて、教義のなかに取り込む必要があった。イエスは、自らの死によって人間が負っていた原罪を償ったのだ、という理解である。アダムとイヴが犯した過ちを、自らが処刑されること、すなわち殉教によってあがなう。これによって、赦された人間は神のもとに戻ることができる。

しかし、聖書には、そういった理解説明に至るまでの当惑が刻印されているという。福音書のなかで成立がもっとも古いとされる「マルコによる福音書」に記される十字架にかけられたイエスの最後の言葉は、「エロイ、エロイ、レマ、サバクタニ」というアラム語で、「わが神、わが神、どうして私をお見捨てになったのですか」という意味になる。聖書学の山我《やまが》哲雄《てつお》氏によれば、これは文字通り、神に見捨てられたと感じ、絶望したイエスの言葉であり、自らの復活を確信した言葉ではないとする。しかし、それでは残された信徒たちは当惑するしかない。そこで、先述のように、イエスは自らの死で人間の原罪の償いをおこなったのだ、という教義が形成されてゆくと、このイエスの言葉は削除（「ルカ」と「ヨハネ」の福音書には登場しない）されるか改変されてゆく。「マルコによる福音書」よりあとに、「マルコ」を参照して書かれたとされる「マタイによる福音書」では、「エリ、エリ、レマ、サバクタニ」と改変されている。「エロイ」と「エリ」では意味は同じ「わが神」なのだが、後者は『旧約聖書』の言葉であるヘブライ語で、同じ表現を含む「詩篇」の二二篇の引用に聞こえるようにしたという。イエスは、絶望の言葉を吐いたのではなく、詩篇を口ずさみ、神を讃《たた》えながら死についたというわけである（山我哲雄「イエスの最後の言葉」『図書』七九七号、二〇一五年）。

かくして、不名誉な十字架の死は、キリスト教の核心に据えられることになり、十字架はキリスト教のシンボルとなった。さらに初期キリスト教徒は、ローマ帝国をはじめとして、さまざまな勢力からの迫害を受ける。その過程でイエスの弟子たちをはじめ、多くの信者が命を落としたし、「異教徒」への布教に際して命を落とす者も多かった。ローマ帝国によるキリスト教公認前後に活動したカエサリアのエウセビオスの著作は、こうした迫害と殉教の記録でもある。中世に盛んに著された聖人伝でも、残酷な処刑の様子がくり返し述べられ、印刷本が登場してからも、殉教の様子は木版挿し絵の定番であった（図3－11）。

図3－11　聖人の殉教（『ニュルンベルク年代記』1493年より）

殉教はキリスト教の基底を成すものとなり、殉教史は初期教会の正統性を証明するものとして機能したが、中世のカトリック教会は、多くの殉教者を「聖人」として特別な存在へと聖化することで、信徒の魂の救済を実現するための構造を作り上げていった。「最後の審判」で地獄行きを命じられないように、すでにその徳行によって天国のイエスの側近くにいる聖人に「とりなし」をお願いするわけである。

厳密にいえば、聖人自身を崇拝《すうはい》してあがめるわけではなく、とりなしの依頼なのだが（それで、聖人「崇拝」とはいわず、聖人「崇敬」という）、人びとの意識のなかでは、そのあたりの区別は曖昧になっていた。たとえば、聖人の功徳の効力の強さは、聖遺物との距離の近さで異なると理解された。聖遺物とは、聖人ゆかりのモノである。もっともありがたいのが聖人の遺体（もしくはその一部）であり、ついで殉教にまつわる刑具や身につけていた衣服などで、さらにはそういった聖遺物に接触したことで力が移ったと考えられたモノなどが続く。教会聖堂の祭壇にはこうした聖遺物を収めるのが本来のあり方であり、そのパワーは、祭壇に近いほど強くなったのである。

さらに、こうした信仰が迷信の域に変容するのも容易であった。同じ聖人でも、祀ってある場所が異なると、その力に違いがあると考えられるようになる。隣町のマリア像は霊験あらたかだが、うちの村の教会のマリアさんはたいしたことがない、といった理解である。そのため評判の聖人を祀る教会には、遠方から多くの人びとが巡礼で訪れることになる。聖ヤコブに献堂された教会はいくらでもあるが、やはりスペインのサンチャゴ・デ・コンポステーラにお参りするほうがよいわけだ。こうなると、偶像崇拝そのものであり、真面目な神学者にはゆゆしき事態に見えたし、そこに金銭が絡むとなると看過できるものではなかった。そこに宗教改革の芽が生まれることになる。

宗教改革は、こうした聖人への崇敬の功徳を否定するが、ルターなどは信仰のために命を落とした人びとそのものは高く評価した。聖人崇敬を否定することと殉教を評価することは矛盾しないのである。プロテスタントにとっても、殉教は重要な徳目であった。殉教は、キリスト教という宗教のアイデンティティそのものであったといえる。

殉教史研究

神学としてではなく、殉教をむしろ歴史の問題としてとらえようという動きは、二〇世紀の末頃から盛んになってきている。とくに、古代の初期教会ではなく、宗教改革以降の近世史の問題として取り上げる研究が目立っている。これは、宗教改革期の殉教が、プロテスタントとカトリック双方にとって、宗教的に重要な問題であったばかりでなく、プロテスタント国家としてのアイデンティティに関わる問題としても認識されてきたためだろう。

イギリスにおいては、エリザベス時代の教会史家ジョン・フォックスの『殉教者の書』

図3－12　ジョン・フォックス『殉教者の書』より

（一五六三年初版）が重要である。この書物は、古代のキリスト教徒迫害の歴史から筆を起こし、中世の腐敗したローマ教会や教皇の所行を書き連ね、ウィクリフやフスなど、教会改革を目指した初期の改革者の叙述から、宗教改革時のプロテスタント抑圧、とくにメアリ時代のカトリック復活に際して、処刑された三〇〇名ほどのプロテスタントの詳細な記録に至る。つまり、フォックスは、古代以来の殉教史の伝統に、宗教改革時代のプロテスタント殉教者の歴史を接続することで、古代教会の正統な後継者としてのイングランド教会という図式を用意したのである。しかも、初版から殉教の様子を描いた多数の挿し絵（図3－12）を掲載しており、第二版ではさらにその数が増え、以後の諸版に引き継がれていく。火あぶりになりながらも、信仰を守る英雄的な「殉教者」の姿は、本文のテキスト以上に、人びとの心に強い印象を残したであろうことは容易に想像できる。

『殉教者の書』の初版には、教会はいまだ改革の道半ばとはいえ、エリザベスの下で十分に改革されるであろう、というフォックスの希望を読み取ることができる。しかし、エリザベスはそれ以上の改革には不熱心で、フォックスの期待もすぐに失望へと変わることになり、のちの増補版では、エリザベスへの思いは後退している。その後も、この書物は、ときの国王・教会との微妙な距離感をもちつづけるのであるが、ともあれ、この著作は、さまざまな観点から、近代「プロテスタント国家」イングランドの骨格を形成した書物と見なされてきた。とくに、歴史家リンダ・コリーによって、一八世紀から一九世紀にかけてのイギリスの国民意識の形成に大きな役割を果たした書物として評価されたことでよく知られている。一八世紀の対フランス戦争時に、反カトリック感情を醸成し、それが近代イギリスのナショナル・アイデンティティとなったというわけである。

このコリーの議論へは、新たな「反カトリック」言説であるとの批判も向けられているし、一八世紀イギリス社会でのフォックス受容の評価にも問題がないわけではない。とくに一八世紀に刊行された諸版は、フォックスのオリジナルとはかなり異なるものであったことは注意すべきである。ただ、そうした一八世紀版においても、強調されているのは、ヨーロッパ各地でプロテスタントが被った弾圧であった。カトリックによるプロテスタント迫害を列挙することが自らの正統性を示すという構造は維持されており、近代においても「殉教」のもつ訴求力が大きかったといえることは注目に値する。「殉教」という「死」を語ることが近代イギリスを作り上げたといえるのである。

神学的な理解としては、殉教をもたらしたカトリックの「残虐性」こそがカトリックの非正統性を示すものであり、プロテスタントの正統性を証明する、という構図が描かれたわけだが、じつは同じ論理はカトリックの側にも当てはまった。イングランドではヘンリ八世の時代からカトリックの聖職者の処刑がおこなわれており、エリザベス時代以降のカトリックも、対プロテスタント・プロパガンダとして、プロテスタントによる迫害での「殉教」を持ち出した。エリザベス治世下にイングランドで処刑されたカトリック教徒は二〇〇名ほどとされる。もちろん、カトリック教会からすれば、これらの処刑は宗教迫害に他ならなかったのだが、異端として処刑されたメアリ時代のプロテスタントとは異なり、その罪状は反逆罪とされ、意図的に宗教性が前面に出ないようにされていた。エリザベスの周到な深慮であるが、殉教者にすることを避けたということは、その影響力を怖《おそ》れたということである。それでも、迫害される側が犠牲者を殉教者と見なすことを止めるわけにはいかない。メアリ・ステュアートが処刑された際、着用していた衣服は、処刑後に焼却されている。持ち出されて、カトリック信仰に殉じた「殉教者」の「聖遺物」として崇敬の対象とされるのを怖れたのである。

自殺と殉教

このように殉教とキリスト教は、カトリック、プロテスタントを問わず、深く結びついていたのであるが、「殉教」にはやっかいな問題点が絡んでいた。すなわち、殉教と自殺の区別をどうつけるのかである。前章の最後で、甘美な死としての自殺の例を挙げたが、もちろん、キリスト教では自殺は許されるものではない。はるか昔の初期教会の殉教者については、そういったことが議論されることはほとんどなかったが、現実に目の前で多くの犠牲者が出た宗教改革時代の「殉教」では重大な問題となってきた。

「殉教」を覚悟して（期待して）活動するのは自殺と変わらないのではないか、という疑問は、その行為が賛美されるべきものであるのか、許しがたいものであるのか、という両極端に位置することになり、その解決はむずかしかった。「死」そのものではなく「死すべき原因（信仰）」が重要であるという総論的な解釈は可能であったが、現実に個別の事例についてその線引きをどうおこなうのか、となると困難であるのは明らかである。

カトリックにとっても、宗教改革は新たな殉教の時代といえるのだが、その犠牲者の多くはイエズス会士であった。イエズス会は、積極的な宣教活動によって世界中に赴き、その結果、世界各地で犠牲者を出していた。日本での布教とその結果としての迫害もその一端である。エリザベス時代のイングランドで多くの犠牲者を出したのもイエズス会であった。

しかし、カトリック教会内の対立がこの問題を複雑にした。「新参の」イエズス会への反《はん》撥《ぱつ》である。当時の教会の不正や乱れを鋭く指摘して自己改革を迫り、宣教活動によりアジアやアメリカに影響力を広げていたことを、旧来の修道会派などが快く思っていなかったのである。このイエズス会への反撥の強さが、それらの犠牲者を「殉教者」と見なすことを躊《ちゅう》躇《ちょ》させた。死の危険があるのを承知しての活動は、殉教ではなく、自殺と同じではないか、という批判である。

その背景には、宗教改革を受けて始まったトリエント公会議での議論があった。この公会議は、宗教改革者による教会批判を意識したカトリック自身による改革運動という性格をもっていた。かつては殉教者なら聖人に列聖されるのがお決まりのコースであったのが、トリエント公会議によって列聖の基準が厳格化された。そのため、多くの犠牲者が出たにもかかわらず、聖人とされる者の数は大幅に減少することになる。対照的に、イングランドでは、とくにメアリ一世時代に処刑されたプロテスタント殉教者が、その処刑直後から、ある意味無限定で（多くの地域でプロテスタントからも迫害の対象となった再洗礼派までもが含まれている）、特別な意味を付与されたことを考えると皮肉である。

もちろん、プロテスタントにとって、殉教は、自らが否定した聖人崇敬との関わりで微妙な問題を抱えていた。とくに『殉教者の書』に添えられた多数の挿し絵は、その影響力の大きさゆえに、プロテスタントが嫌った「偶像」ではないのかという疑念も浮かんでくる。この点についての説明を試みた歴史家A・ペティグリーの見解によるなら、『殉教者の書』に見られるような精巧な挿し絵本を作る技術は、一六世紀前半のイングランドにはまだなく、後半になってようやく可能になる。一方、挿し絵に寛大であったルター派とは対照的に、図像に厳しい態度を示していたカルヴァン派は、一六世紀の後半にその影響力がイングランドでも大きくなっていくが、『殉教者の書』が作られた一五六〇年代初めには、まだこういった挿し絵本を阻止するほどその力は大きくはなかった。すなわち、技術的な成熟とカルヴァン派の影響がまだ及ばないという時代の交点の「ごくわずかな機会に」「幸運にも」『殉教者の書』は生み出された、ということになる。

しかし、こうした初版刊行時点での偶然的な事情だけでは、挿し絵をともなった『殉教者の書』が、その後も、カルヴァン派が影響力を発揮した世紀後半や一七世紀はもちろん、一八世紀、一九世紀を経て、現代に至るまで三〇〇年以上も刊行されつづけたことを説明することはできない。挿し絵に描かれた火刑に処せられるプロテスタントの姿がメアリ時代を象徴するイコンとして、くり返し用いられ、いまなお人びとの心に焼き付いていることを考えると、挿し絵を許容し、むしろ積極的に利用したことは、イングランドのプロテスタントの性格のより本質的な部分に関わる問題であったように思われる。

何が「殉教」であるのかという問題は、現代にも影を落としている。ISなどイスラム過激派による自爆テロは殉教だろうか。もちろん、実行する側としては、こうした行為を聖戦と位置づけ、殉教者として天国が約束されるのだろうが、それとは正反対に、非人間的な洗脳の結果と非難する読者が多数だろう。しかし、第二次世界大戦での日本の特攻となるとどうだろう。零戦などの戦闘機の利用はもちろん、回天や桜花といった特攻専用の（つまり、操縦者の死を前提にした）兵器までが開発されている。一方を賛美し、他方を非難する合理的な説明は可能だろうか。目的や意識の崇高さが違うというのでは説得力はないだろう。その目的を正当化する根拠は、結局のところ、客観的・普遍的なものにはなりえない。殉教と特攻、自爆テロは、同じ地平に存在するという指摘（たとえば、J・ミッチェル『殉教』二〇一二年）は当然出されることになるし、近世のカトリック教会が直面した自殺と殉教の線引きの問題にもつながってくるのである。

第四章　死と葬儀

MEMENTO MORI
YOU are deſired to meet at Beechwood on Wedneſday Morning the 13th. of January, 1702. by Eight of the clock, to Accompany the Corps of Sir Edward Sebright, Baronet, deceaſed, out of the Pariſh of Flamſtead, in the Way to his Interment at Beſsford.
Pray bring this Ticket with you.
Bleſſed are they that Dye in the Lord.
REMEMBER TO DIE

1　葬儀と埋葬

死の準備

来世のイメージが意外に多様であることはすでに述べた。しかし、死後どのようになるのかが曖昧であるからといって、死を先延ばしするわけにはいかない。死をもたらす要因はいくつも人びとを飲み込もうと大きな口を開けており、いつかは誰もが死と直面することになる。本章では人びとが死をどのように迎えたのかをたどってみたい。ただし、死と向かい合った人びととの心性については、すでにP・アリエスの研究などがあり、よく知られているので、ここでは、死のマニュアルといった面に力点を置いて述べてゆく。

まず、中世カトリックの世界での死の迎え方について。死が近いと思われると、司祭が呼ばれる。死に際して、しかるべき宗教的な儀式を執りおこなう必要があるからである。最初に、信仰箇条の確認をおこない、異端ではないことを確かめる。もちろん、ここで異端思想が明らかになると大問題である。つぎに贖罪の意思を確認する。犯した罪について告白する、いわゆる最後の告解である。そして、司祭が死に瀕した者の額や口などに聖油を塗る「終油《しゅうゆ》の秘蹟《ひせき》」により罪の許しを神に祈る。こうして罪から解放された状態になってから、最後の聖体拝領を受ける。この一連の儀式が終了すると、宗教的には「死を宣告された」状態となり、あとは息を引き取るのを待つだけとなる。

このなかで「終油」という儀式が一番馴染みがないかもしれない。もともとは、病人の治癒のためのものであったが、のちに臨終を迎えた者に対する儀式となったもので、終油が癒《い》やしよりも死を意味するとして嫌がる人びとも多かったという（現在のカトリック教会では、臨終を意識させる「終油」といういい方ではなく、「病者の塗油《とゆ》」として、本来の意味づけを強調したものになっている）。なお、プロテスタントでは、死に臨んでの告解や終油を秘蹟とは考えないので、このような儀式はおこなわれない。

また、終油を受けるということは、自らの死を意識するということであるので、人は死へ向かっていることを自覚しながら最期を迎えたということにもなる。死を目前にして、周りにいる人びとに何かを語りつつ息絶える、というのはドラマなどではお馴染みの臨終シーンではあるが、現代では病院で意識を失ったまま死を迎えることが多く、今日の状況と大きく違う点である。

死を迎えるためにこうした手順があるということは、手順を踏まない、もしくは手順を踏めない、準備が整わない死というのは困ったことであった。突然死への恐れである。カトリック地域で、道ばたなどに聖像を祀ったほこらが多く見られるのは、日常的に歩行中などでも頻繁にお祈りをして、突然死による不利益を少しでも減らそうという配慮であるという。

つまり、死はできるだけ心の準備をして受け入れなければならなかった。これらの一連の儀式を心静かに受けるために第一章で紹介した「往生術」が著されたのである。挿し絵入りの往生術が、視覚的なメディアとして、人びとの来世観に大きな影響を残したことは容易に想像できる。こうした書籍作成の背景には、黒死病の流行によって理不尽な突然の死を迎えることになった人びとの死への恐怖が反映されているといえるだろう。

葬儀

人が死亡すれば、葬儀をおこない、遺体を埋葬することになる。死後、家族などが葬儀の準備をおこなうのが普通であるが、「宗教ギルド」と総称される、葬儀や死後のミサなどのために組織された互助団体のメンバーであれば、ギルドが手配することもよくあった。

遺体は屍衣《しい》で包まれ、棺《ひつぎ》に納められた。もしくは棺を用いず屍衣のままのこともあった。

屍衣は飾り気のない布であったが、近世イングランドでは国産のウールで作った屍衣を用いることを求める法律が制定されたこともある。イングランドの基幹産業であった毛織物産業の振興策の一環である。たしかに、すべての死者が国産毛織物で包まれて埋葬されるとなると、けっこうな消費量である。宗教的な口実で産業育成を図った規定としては、エリザベス時代に出された、金曜日に魚を食べるように、というものもある。キリスト教に疎いと何のことかわかりにくいが、イエスが処刑された曜日である金曜日に、肉食を避けて魚を食べるのは、カトリック教会などの物忌みのひとつである。魚食推奨の大規模なものが「四旬節《しじゅんせつ》（レント）」で、復活祭の前の四六日の間、肉食が原則禁じられ、この間、魚が食べられた。肉が制限される前に食いだめしようというのが謝肉祭《カーニヴァル》である。だからといって、エリザベスがことさらに魚食を推奨したのは、宗教的な目的のためではなく、漁業振興によって熟練した船乗りを一定数確保しておき、戦争となれば徴用して軍務に従事させるためであった。スペインとの戦争が続いていた時代ならではのものである。

閑話休題。葬儀に戻ろう。屍衣といっても、日本の経帷子《きょうかたびら》を想像するとかなり違ったものになる。屍衣は、むしろ袋状のもので、全身を完全に包み込んで、袋の口を縛ったり、縫い合わせるのが普通である。図像などで見ると、巨大な白い納豆苞《なっとうづと》のようにも見える（図4－1）。屍衣に包まれた遺体は、葬儀の行列によって教会へ運ばれる。このとき、裕福な

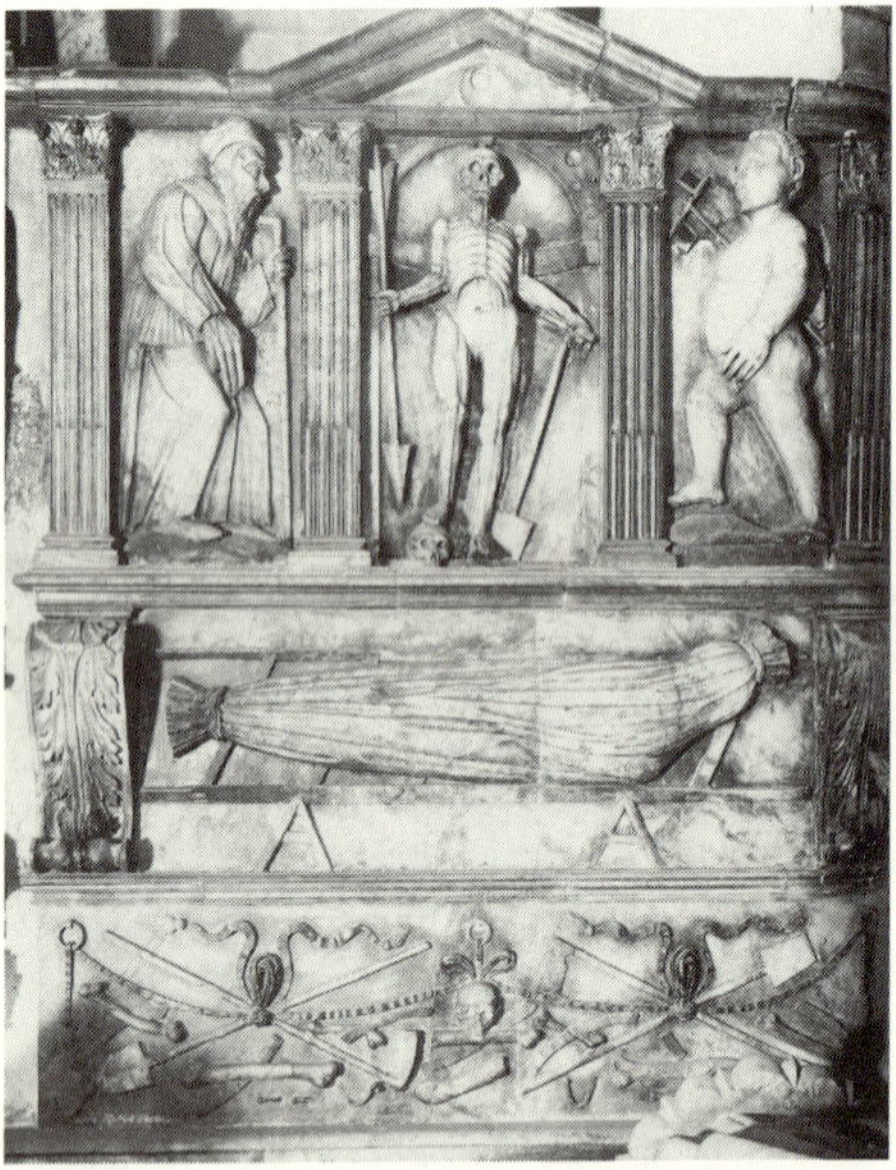

図4－1　墓に刻まれた屍衣（中段，Julian Litten, *The English Way of Death*, London, 1991より）

被葬者の場合、遺体は棺桶《かんおけ》に納められたが、棺は高価であったので、庶民の場合、棺には入れないで、屍衣に包まれた状態で運ばれることもあった。棺に納められている場合は、棺を輿《こし》のように担いだようである。

葬列は、聖職者が先導し、その後に棺、遺族・友人が続く。富裕者の場合、貧者が葬列に加わることが多かった。葬列の規模は死者の地位によりさまざまで、葬列の人数（とくに貧者の数）が多いほど、社会的威信を高めることになった。というのは、葬列に加わった貧者は、かならずしも生前の死者とつながりがあったというわけではなく、お金や食物、物品などの供与によって「雇われた」ものであった。こうした貧者の役割は、死者の魂のために祈ることであった。すでに記したように、カトリックの教義では、死者のための祈りによって煉獄での苦しみが緩和されることが期待されたため、祈りの量を増やすために貧しい人びとがかり出されたのである。その人数はそのまま支払った金銭なりの量に比例したので、被葬者の財力や権威をわかりやすい形で示すことになった。もちろん、貧者にしてみれば、葬列に参加し、死者のために祈ることで、なにがしかの金品や食べ物が得られれば、露命をつなぐこともできたのである。

宗教改革後、煉獄の否定とともに、こうした死者のための祈りの効果は否定されたが、それで葬列に貧者を連ねる習慣が消えたか、といえばそうではなかった。一六世紀末から一七世紀のロンドンでも、四〇人から一〇〇人の貧者を集めた葬儀もあったし、後述のように、エリザベス女王の葬儀には、総勢一六〇〇人の葬列に、男女の貧民が二八一人も参加している。プロテスタントの教義の下、死者への祈りの効果を期待してのことではないとすれば、この人数は、そのまま貧者への支払額の大きさ、すなわち葬儀をおこなう側の財力を誇示する指標に他ならなかった。さらには、そうした貧者にわざわざお仕着せを着せる場合もあった。みすぼらしい衣服の貧者が群れているのは見栄えがよくないということもあっただろうが、その費用はかなりのものになり、被葬者の権威をいっそう高めることになった。

さて、葬列が教会に到着すると、富裕者は自前の棺のまま葬儀をおこない、その後、棺とともに埋葬されたのだが、自前で棺を用意できない庶民の場合、葬儀の間だけ、教会備え付けの棺を借りることができたので、遺体は葬儀用の棺へ移される。「葬儀の間だけ借りる」というのは、埋葬時には、棺から出され、屍衣のまま埋葬された、ということである。棺はもとに戻され、次の葬儀に備えるのだ。

聖堂内に運ばれた遺体を納めた棺は、足を祭壇のある内陣方向（東）に向けて安置され、棺には覆い布が掛けられた。富裕者の場合、刺繡《ししゅう》などを施した贅沢な布が用意されており、布の立派さに応じて、教会の貸し出し料金も「上」「中」「下」などの区別があったようである。中世では棺の四隅にロウソクを立てるのが習慣であった。ロウソクも高価なので、貧者では自分で買えない場合もあった。この棺の周りにロウソクを立てる習慣は、後に、宗教改革によって迷信として否定されることになる。

宗教改革後のイングランドでも、当初は相当数のカトリック教徒が存在したが、もちろん、その存在は違法であり、異端として処罰の対象であった。彼らは原則として、教区教会の墓地に埋葬されることは許されなかった。もっとも、エリザベス時代でも、対スペイン戦争が緊迫化した時期を除いて、カトリック教徒は、とくに不穏な動きをしない限り、徹底的に摘発されたというわけではなかった。徹底的な取り締まりでかえって人びとの分断を強めることを嫌ったエリザベスらしい施策である。

しかし、葬儀にロウソクを使用すれば、カトリック教徒であることを公然と示すのと同じであった。そこで、カトリック教徒は、夜間に葬儀をおこなうことで、ロウソク使用の口実にすることともあった。狭い地域社会では、誰それがカトリックであるということは、公然たる秘密であったと思われるので、夜間の葬儀は、双方了解づくの妥協策でもあったのだろう。

ところで、葬儀の際にいろいろと支払われる手数料などは、それに関わる人びとの収入源でもあったため、とくに裕福な被葬者の場合、葬儀をどこが引き受けるのかで、宗教改革以前には、教区教会、修道院、大聖堂、宗教ギルドなどの間でトラブルも生じて、遺体の取り合いになった例もあったようだ。

埋葬

教会に着いた遺体は、聖堂内に安置されて、死者のための祈りが捧げられた。翌朝、司祭が墓地の埋葬をおこなう場所に十字架の印を付け、聖水を撒いて、詩篇を唱える。埋葬場所を聖別したわけである。その後、司祭は、聖堂内で死者のためのミサを執りおこなうが、その間に墓掘り人が墓穴を掘っておく。ミサが終われば、棺が墓地に運ばれる。自前の棺の場合は、そのまま埋葬され、借り物の棺の場合は、屍衣に包まれた遺体だけが墓穴に入れられる。司祭が最初の土をかけた後は、墓掘り人が完全に埋める。司祭と参列者は聖堂に戻り、聖歌が歌われ、葬儀は終わる。ただし、貧しい人びとの葬儀は、もっと簡素に、直接墓地でおこなわれることが多かったようだ。つまり、きちんとしたミサなどはなく、埋葬されるだけということである。

宗教改革後のイギリス国教会の祈禱《きとう》書には、埋葬の際の司祭の言葉の定型文が記されているが、そこには「土は土に、灰は灰に、塵《ちり》は塵に返し earth to earth; ashes to ashes, dust to dust」とある。主イエス・キリストによって永遠の生に復活を遂げることを祈念して、死者を土に返す、ということなのだが、この「灰」という言葉には、いささか注意が必要であろう。

念のため確認しておくが、キリスト教では土葬が原則である。「最後の審判」の裁きを受けるために、この世の終わりに復活するには、その拠り代となる遺体（遺骨）が必要で、火葬されすべてが灰になった場合、復活はかなわないと理解された。したがって、遺体（遺骨）を灰にしてしまうことは、死者の復活、つまりは天国行きを否定することになるので、異端に対する処罰となった。異端者や魔女が火あぶりにされるのは、炎による罪の浄化という理屈もつけられたが、つまるところその死後の世界をも抹消——永遠の無——するための手段であった。

遺体と蘇生、復活（再生）が結びつくのは、日本の古代でも同様であったらしい。川村邦光『弔いの文化史』によると「殯《もがり》」の風習は、まだ死が確定していない状態、死後の蘇生を前提としたもので、仏教の影響による火葬の広がりは、遺体の消滅を図ることで、この世に戻ってくる死者の霊魂の拠りどころをなくしてしまい、そういった蘇生・復活を完全に否定するものであったという。別世界への移行、すなわち死を明確化する意味があったのである。それは裏返すと、復活を前提とするキリスト教では、遺体の保存が重大事であったことと符合する。

つまり、先の祈禱書にある「灰」も、地中で朽ちてしまう「肉」の変化したもので、火葬で骨までを灰にする、ということは意味していない。現在では、キリスト教世界でも、火葬が広がり、故人の遺灰を海や山に撒くことは――ときには宇宙に送り出すことも――珍しくないが、キリスト教の教会は教義にそぐわない行為として、批判し、けっして奨励などはしていない。

「最後の審判」に臨ませない、ということから、すでに死去している者への処罰としても、遺体遺骨の焼却がおこなわれた。イギリスの宗教改革の先駆者とされるウィクリフは、当時の王族の大御所ジョン・オブ・ゴーント（エドワード三世の息子）の保護を受けていたおかげで、その思想を危険視されながらも、自然死を迎えたが、死後四五年経ってから、あらためて異端の宣告を受けた。そこで、ウィクリフの遺体（すでに骨になっていた）が墓から掘り出され、焼却処分になっている。灰になった遺骨は、川に流され、永遠に復活ができないようにされたのである。イギリスでの「異端の罪」による死後焼却処分としては、エドワード六世時代にイングランドに亡命し、イングランドの宗教改革の進展に関わったドイツの宗教改革者マルティン・ブーツァの例がある。一五五一年に死去し、ケンブリッジの教会に埋葬されていたが、次のメアリ時代にカトリック体制が復活すると、カトリックに反した異端とされ、掘り出された遺体が焼却されている。

すでに死んでいる者や、埋葬された遺体を掘り返してあらためて処刑する、というのは、見せしめのためという目的からすれば、日本での獄門、晒し首と同じ発想であるといえる。いわゆる「ピューリタン革命」を指導したオリヴァー・クロムウェルも、死後、国王同様の葬儀によってウェストミンスター・アビィに埋葬されたが、王政復古後の一六六一年に反逆者とされた。チャールズ一世の死刑を宣告したジョン・ブラドショウなど他の革命指導者とともに、遺体が掘り起こされて、あらためて絞首刑に処され、さらに切り離された首はウェストミンスター・ホールの外で二五年近くも晒し首とされた。しかも、その後、クロムウェルの頭部は所有者を変え――売り買いされた（！）――ながら、ときおり「展示」されていたという。最後は、なんと一九六〇年になってようやくケンブリッジ大学のシドニー・サセックス・カレッジに埋葬されている。もうこのあと掘り返されることはないとは思うが、ひょっとして、もう一度「偉人」としてウェストミンスター・アビィに戻されるということはありうるかもしれない。

遺体泥棒

埋葬されたのに再び掘り返されるのは、「重要人物」ばかりとは限らない。一七、一八世紀には、埋葬された遺体を掘り返して持ち去る遺体泥棒が横行したのである。それだけ書くと、いかにも猟奇的な行為のように聞こえるが、当時、近代的な医学教育が広まるとともに、研究・実習のための解剖が不可欠となっており、そのための遺体が不足していた。そこに目をつけた悪党が、墓から遺体を盗み出し、ひそかに販売していたのである。

墓を掘り返す、という点では、シェイクスピアの墓も興味深い。シェイクスピアの墓は生地ストラットフォード・アポン・エイボンの教区教会にあるが、その墓誌に「この石を動かすものに呪いあれ」と記されていることで知られている。シェイクスピアが遺体泥棒を心配していたとは思えないが、この銘文が実際に効果を発揮する「事件」もあった。一八世紀にシェイクスピア・リヴァイヴァルともいうべき再評価の気運が高まったとき、遺体をウェストミンスター・アビィに移葬しようという話が持ち上がる。片田舎の小さな教会よりも、偉人にふさわしい場所に、というわけである。しかし、結局は、この墓誌銘への配慮から、沙汰《さた》止《や》みになっている。代わりに、ウェストミンスター・アビィには立派な彼の記念碑が建てられたが、生地のシェイクスピアの墓は、いまだに一度も暴かれたことがないままである。メアリ・シェリーが創造したフランケンシュタインの怪物（一八一八年に出版された原作では、科学者フランケンシュタインが作り出した人造人間には、名前は与えられていない）が墓から盗み出した遺体で作り出されたという設定は、それなりにリアリティの感じられる設定であったということだろう。

人間の遺体を解剖するということは、古くからタブー視され、なかなか実行はむずかしかった。そのため、動物を解剖することで人間の身体の様子を類推するのが普通で、古代・中世の医学知識の限界となっていた。レオナルド・ダ・ヴィンチが、ひそかに遺体を手に入れて解剖していたことは、よく知られているが、公然とおこなったものではなかったため、その情報は彼のノートのなかだけに留まり、広く知識として共有されることはなかった。

しかし、近世になると、科学の発展とともにしだいに解剖がおこなわれるようになり、レンブラントの有名な絵画『テュルプ博士の解剖学講義』（一六三二年）に見られるように、公開解剖が、医師のためだけではなく一般人も見学可能な、一種のショーのようにもなっていった。もちろん、解剖されるのは、処刑された犯罪者など訳ありの遺体が普通であった。ホガースの版画『残酷の四段階』（図4-2）では、犯罪者に身を落とした男性が、最後には処刑されて解剖される、という末路が描かれているように、解剖されることは、死者にとっては不名誉なことであった。一七五一年のイギリスの法律では、死刑に処された遺体を盗んだ場合、アメリカ植民地への七年間の流刑とされている。これは、処刑者が犯罪団の親玉などの場合、手下などが処刑された遺体の取り返しを計ることが多かったことを反映していると思われる。手下にすれば、親分の遺体が解剖で切り刻まれるのは我慢できないということだろう。

図4－2　ホガースの版画『残酷の四段階』

ちなみに、イギリスでは、医学界の需要に対応するために、処刑された殺人犯の遺体を解剖に回すことを認める法律が一八三二年にできている。しかし、死刑が廃止されたり、執行数が激減したりしている現代では、そうした経路での解剖用の遺体の確保はむずかしい。献体が求められる理由である。

現代の遺体の盗難といえば、俳優チャールズ・チャップリンの遺体が盗まれたという、映画にもなった事件が有名である。チャップリンは、一九七七年のクリスマスにスイスの自宅で死去し、二日後に埋葬された。ところが、翌年三月に墓が掘り返され、棺が盗まれてしまう。犯人は、遺族に四〇万ポンドの「身代金」を要求するものの、支払いは拒否された。その後、五月にチャップリン宅から一マイルの畑で棺が発見され、犯人として、若いポーランド人とブルガリア人が逮捕され事件は終結した。生者であれ死者であれ、誘拐《ゆうかい》というのは、金の受け渡しをともなうので、うまくいかないものだ。

鐘の音

さて、葬儀の際に鐘が鳴らされる、というのは映画などでも馴染みのある場面である。イギリスのナーサリー・ライムズ、いわゆる「マザーグースの歌」の「誰がコマドリを殺した」では、牛がコマドリを弔う鐘を鳴らしている。もの悲しい哀悼の響きであるが、イギリスでは、それなりに世知辛い響きでもあった。弔いの鐘は適当に鳴らされたのではなく、教会によってそれなりのルールがあった。死者が出たとき、男女や年齢、身分などを鐘で知らせることもあった。小さなコミュニティの場合、誰が危篤《きとく》状態になっているかは周知のことであっただろうから、鐘の音で誰が亡くなったのかはすぐにわかっただろう。

また、葬儀の際にも、死者の地位や身分に応じて、鐘を鳴らす回数が決まっている場合も多かった。一六世紀初めのロンドンでは、聖堂に備え付けの大小いくつかあるどの鐘を鳴らすかで料金が違う教会もあった。当然、たくさんの料金を払えば、それだけ打ち鳴らされる回数が多かった。六時間にわたって鳴らしつづけた例もあるが、それだけ、費用もかかったわけである。近世の教会の支出入を記した史料などにも、鐘撞《つ》き男への手間賃が、鐘を鳴らす必要があるごとに計上されているのを見ることができる。今でも、結婚式のときのお祝いの鐘なども、費用を奮発すると、一日中鳴り響かせることも可能である。以前、イングランド北部の町を訪れた際、午前中、ちょうど町に着いた頃におこなわれた婚礼の鐘が、夕刻、その町を離れるまで鳴りつづけていたという経験がある。

中世以来、鐘には魔除《まよ》けの効果があると信じられていた。たとえば、悪霊が跋扈する万霊節や嵐のときなどには、鐘を鳴らしつづけて、難儀を避けようとしている。そのため、宗教改革の際に、葬儀の鐘も迷信として退けようとする動きもあったが、あまり効果はなかったようである。それでも、大小さまざまな鐘を鳴らすことは無意味とされ、教区の聖堂の「よけいな」鐘を没収する動きもあった。その実態は、カトリック的迷信の排除に名を借りた、換金性のある金属の横領であり、鐘を売却した代金は、教区に返されたのではなく、没収したお偉いさん方の懐に入ったのである。

鐘といえば、少し脱線になるが、近世のイギリスでは「チェンジ・リンギング change-ringing」という独特の鳴鐘《めいしょう》術が発達している。言葉で説明するのはかなりむずかしいのであるが、簡単にいえば、聖堂に設置された複数の鐘（大きさ、すなわち音色が異なる）を複雑に鳴らすものである。鐘ひとつひとつに引き綱がついており、各々にその綱の引き手が配される。つまり、鐘が五つあれば、五人が必要となる。そして、各々の鐘には番号が振り当てられ、その番号を記した「楽譜」に従って、鐘が鳴らされる。ただし、何らかの旋律が奏でられるのではなく、無秩序な音の洪水にしか聞こえないような、不思議な響きが作り上げられる。大陸諸国でよく聞かれるような旋律を奏でるカリヨンとは別物である。その演奏は何時間も続くこともあり、一昼夜かけるものすらあるようだ。メロディーをなさない鐘の音が、延々と続くのである。先に触れた婚礼のお祝いの鐘が何時間も鳴らしつづけることができた理由である。

この鳴鐘術が始まったのは一七世紀のようであるが、現代でもその伝統はイギリス各地で受け継がれている。夕刻になれば、教会から鳴り響く鐘の音が聞こえることは珍しくないし、運がよければ、聖堂内で練習している人びとに出会うこともあるかもしれない（図4－3）。ちなみに、筆者がはじめてそれと理解して聞いたのは、最初にイギリスを訪れた際、ロンドンのナショナル・ギャラリーで絵画を見ていたときで、美術館の隣に位置するセント・マーティンズ・イン・ザ・フィールド教会から突如聞こえてきた鐘の音であった。

また、在外研究で暮らしたヨークでは、夕方五時になると、大聖堂をはじめ、市内の多くの教区教会が一斉に（てんでばらばらに）鐘を鳴らしていた。夕闇が迫るなか、町中が不協和音の響きに包まれるさまは、突然、非日常の世界に取り込まれたような気分になり、その不思議な高揚感を表現するのはなかなかむずかしい。正直いって、教会ごとの違いを区別するのは至難の業《わざ》であるが、聞く機会の多かったヨーク大聖堂の鐘の音などは、録音を聞くと、ああ、こうだった、懐かしい、と思えるので、耳に慣れ親しむまでになればきっと区別がつくのだろう。

図4－3　鳴鐘の練習をする人びと（ヨーク市内）

弔いの話題から離れてしまったが、話を元に戻そう。埋葬ということは、墓地や墓の問題につながる。墓地はどこにあったのか、どういった墓が作られたのか、多くのことに触れなくてはならない。しかも、墓の機能は、たんに遺体を埋葬する場所というだけではなかった。これらの問題は次章でより詳しく論じることにして、さらに葬儀のあり方について見てゆこう。ここまで述べてきた庶民の葬儀ではなく、社会階層の頂点、国王の葬儀である。

2 国王の葬儀

エリザベスの葬列

近世ヨーロッパでは、王権の権威を高めるために、さまざまな機会をとらえてルネサンス的な華やかなパフォーマンスが繰り広げられたが、葬儀も例外ではなかった。事情はイングランドも同じで、一五〇九年四月に死亡したヘンリ七世の葬儀は、きわめて豪華で、各種の旗や紋章によって、自らの権威を強調したものであった。埋葬は、王自らが墓所として新たに建築したウェストミンスター・アビィの礼拝堂(ヘンリ七世礼拝堂)になされた。この礼拝堂には、以後二〇〇年ほど、国王墓所として歴代国王の多くが眠ることになる。

葬列において旗や紋章が重要な意味を果たしたのは、ヘンリ七世に始まるテューダー朝の歴代国王の葬儀に共通している。ここではエリザベスの葬列から探ってみよう。というのは、エリザベスの葬列は、イギリス国王の葬列で、同時代に絵画資料として記録されたはじめて

図4－4　ウィリアム・カムデンによるエリザベス女王の葬列の記録

のもので、そこからかなり具体的な様子がうかがえるからである。

エリザベスは一六〇三年三月二四日に亡くなり、葬儀は四月二八日に執りおこなわれている。葬列の記録を残したのは、葬儀にも参加したウィリアム・カムデンである。カムデンは歴史家として知られるが、紋章を管理したり宮廷儀式を執りおこなうことを職務としていた紋章官が公職であった。まさにエリザベスの葬儀を取り仕切った当事者であったわけである。記録は、絵巻物のようなものを想像していただければよい。描線のみで描かれた巻子本《かんすぼん》と彩色が施されたものの二種類が伝わっているが、前者がカムデンの自筆によるオリジナルで、後者はそれをもとに作られたとも考えられている（図4－4）。

葬列の先頭に立つのは、先導役たる宮廷軍務官である。そのあとに、男女の貧民二八一名が続いた。貧民が葬列に駆り集められた事情は、すでに述べたが、エリザベスの葬列の貧民の男女比は、男性一五名であるのに対して、女性が二六六名で、圧倒的に女性のほうが多い。近世のイギリスでは、救貧対象者には高齢女性が多いことが知られている。女性のほうが仕事など生活手段が少なく、夫に先立たれた女性が窮乏することが多かったためである。

貧民のあとには、ジェントルマンなどに仕える従者、門衛が続いたあと、トランペット奏者と旗手をともなって最初の紋章官たちが続く。このあとも葬列の節目節目に紋章官が配置されているが、後になるほど上席の紋章官となっている。旗手が掲げる旗も、王室ゆかりの徽章《きしょう》をともなうが、後になるほど重要な印となっている。葬列に限らず、近世イギリスでは、何らかの行進の場合、参加者の序列は後ろにゆくほど地位が高くなるのが普通であった。

そのあと、食糧管理や調理、パン焼き、酒類の管理から衣料管理、御料林管理、荷車管理、厩《うまや》管理の係などに至るまで、宮廷内の実際の生活を支えるさまざまな部署の役人が続くが、部署ごとにまとまるのではなく、あくまで身分地位秩序が優先され、各部署の下役人のあとに、中間管理職がまとまって、そのあとには長官クラスが集まって行進している。それらの切れ目に紋章官が、これもやはり位階順に配され、視覚的にも上下の区分がはっきりとわかるようになっていた。したがって、貴族やナイトなどの従者も、仕えている貴族とともに行進するのではなく、従者同士で集まって従者にふさわしいしかるべき順位で行進したのである。

特別な集団としては、宮廷付きの合唱団（チャペル・ロイヤル）の面々も比較的上位で行進に参加している。ひと通り、宮廷内の各部署付きの役人が終わったあとには、玉璽・御璽担当書記官や御典医、女王付き司祭や法律家などが続き、さらにはロンドン市参事会員やロンドン市長、女王の近習、女王の私室付きの側近、さらには秘書長官や財務長官など重臣が続き、そのあとに貴族が並ぶ。そしてようやく紫色のヴェルヴェットで覆われた女王の遺体を納めた棺を運ぶ四頭立ての二輪馬車がやって来る。棺の上には葬儀像が安置されている。葬儀像とは、衣服などを着せられ、本物のエリザベスに見えるようにしつらえられた女王の似姿の彫像である。

馬車の周囲には儀仗近衛兵や従僕がひしめき、エリザベスの祖先である歴代の王と王妃の——すなわち、エリザベスの王位の正統性を誇示する——紋章旗が多数掲げられる。馬車のあとには主馬頭《しゅめのかみ》がひかえ、貴族の夫人や娘、宮廷内の女官など女性たちがその後に続き、最後に近衛兵となる。

おおよその葬列の様子を示したが、政府の役人ばかりではなく、家政部門の参加者が多く、宮廷という「疑似家庭」内の公私にわたる部門が総出で葬列を構成していることがわかる。葬列を律するポイントが視覚的に権威を誇示することにあったことも容易に理解できる。

葬儀像

さて、エリザベスの葬列に登場した「葬儀像」とは何か。死去した国王の似姿を彫刻などで等身大に作って、実際の遺体が納められた棺の上に横臥《おうが》する形で乗せて葬送の行進をおこなったものである、その起源は、もともと葬儀行列の際に国王の遺体そのものを人びとに見せる慣習があったことに由来する。

遺体は何らかの保存処理をなされてはいたが、現代のような防腐処置はむずかしかったので、時間が経てば、遺体は著しく損傷したはずである。この問題が、葬儀像を生み出したと考えられている。死亡から葬儀までの時間が長期化して、遺体を示すことが困難になるという事態が生じたのだ。そのきっかけがエドワード二世の死であった。王はその統治への不満から妻や貴族たちによって退位させられ、一三二七年九月二一日に幽閉先で暗殺されてしまう。遺体は棺に納められるが、葬儀のためにグロスターの修道院に移送されたのは一か月後で、実際に葬儀がおこなわれたのは、さらに遅れて一二月二〇日であった。廃位、暗殺という政治的な事情による異常事態であったが、ともかく、死去から三か月も経っては、遺体そのものを見せることは無理であった。そこで、代わりに王の似姿の木像が作られたのである。

次のエドワード三世の葬儀（一三七七年）の場合、王の死から葬儀まで二週間であったにもかかわらず葬儀像が作られている。おそらく、先の葬儀から五〇年が経過し、それ以前の実際の遺体を見せるという習慣が忘れられたか無視されて、父王の葬儀のやり方に倣ったのだろう。

その後、リチャード二世も、一三九九年九月に従兄弟《いとこ》のヘンリ四世のクーデターで廃位され、翌年の二月一四日頃に幽閉先のポンテフラクト城（ヨークシア）で死に追いやられた（廃位された王が生きていると、反乱などの口実に利用されることが多いので、何らかの方法で排除されるのが常である）。死の数日後にはロンドンのセント・ポール大聖堂に遺体が移されて、そこで人びとに示され、三月六日にロンドン北西ハーフォードシァのキングズ・ラングリーの教会に埋葬された。

葬儀像ではなく、遺体そのものが晒されたのは、おそらくは、先王が亡くなったことをはっきりと人びとに示し、反乱の芽を摘むための処置であったと考えられる。その埋葬地が、プランタジネット朝ゆかりの地であるとはいえ、歴代の王の墓所であったウェストミンスター・アビィではなかったことは、国王としての扱いを極力排そうとしたのだろう。しかし、こうした扱いは、かえって、ヘンリ四世によって死に至らされたという印象を強めることになったと思われる。のちにヘンリ五世は、即位後すぐに、リチャードの遺体をウェストミンスター・アビィに改葬したが、父王の行為への反撥を和らげる狙いがあったのは間違いない。

そのヘンリ四世の葬儀に葬儀像が作られたかは不明であるが、ヘンリ五世の場合、フランスでの突然の病死（赤痢《せきり》が原因とされる）からウェストミンスター・アビィでの葬儀まで、二か月以上が経過しており、像が使用されている。

そして、興味深いのが、ヘンリ五世妃キャサリンの葬儀である。キャサリンは、フランス王シャルル六世の娘である。百年戦争でフランス軍を破ったヘンリ五世との和睦《わぼく》の証として、ヘンリに嫁いだが、一子ヘンリ（のちの六世）をもうけたのち、夫に先立たれてしまう。その後、のちのテューダー朝の祖となるオーエン・テューダーと再婚し、一四三七年に死亡している。このキャサリンの葬儀に葬儀像が使われている。再婚したとはいえ、国王ヘンリ六世の母親という立場に配慮した処遇だと考えられるが、国王ではないのに葬儀像が作られたことは、注目すべき点である。

ヘンリ六世は、ばら戦争の混乱のなかで王位を奪われ、ロンドン塔で生涯を終えるが、廃位された王の常で、葬儀像は使われていない。ヘンリ六世から王位を奪ったエドワード四世の葬儀では、葬儀像は作られてはいるが、葬列には使わずに、聖堂内に安置する形での使用という、変則的なものとなっている。つづくエドワード五世は、夏目漱石《なつめそうせき》の小説「倫敦塔《ロンドンとう》」でも知られるように、ロンドン塔に幽閉され、生死不明のまま消息を絶っているので、葬儀そのものがおこなわれていない。

エドワード五世から王位を奪った（ただし、エドワード五世を暗殺したかどうかは、不明な点が多く、議論が絶えない）叔父のリチャード三世は、ボズワースの野でヘンリ・テューダー（即位してヘンリ七世）との戦いに敗れて戦死したが、敗者の哀《かな》しさ、国王としてふさわしい葬儀はおこなわれず、戦場近くのレスターの修道院に埋葬された。リチャードの遺体は、その後の修道院解散によって行方不明となったが、二〇一二年におこなわれた修道院跡地の考古学調査で、リチャードのものと思われる遺骨が発見された。DNA鑑定などによって、リチャード本人のものと確認され、二〇一五年にレスター大聖堂に改葬されている。ボズワースの戦いから五三〇年後のことである。

テューダー朝の葬儀像

つぎに葬儀像が使用されたのは、テューダー朝になって、ヘンリ七世妃エリザベスである。彼女はエドワード四世の娘であったが、一五〇三年に夫に先立った。王妃が国王より先に亡くなったのは一五〇〇年ぶりのことであった。一五〇九年に亡くなったヘンリ七世自身の葬儀にも葬儀像が用いられ、その葬儀像は現存している。このヘンリ七世の葬儀像を見ると、きわめてリアルな表現で、実際の王と見まがうばかりである。

ヘンリ八世も、自分の三番目の妃ジェイン・シーモアの葬儀に、葬儀像を使用している。ヘンリ八世は六人の妃を迎えたことで知られるが、葬儀像が使われたことが確かなのは、ジェインだけのようだ。たしかに、最初の妻キャサリン・オブ・アラゴンとは、結婚の無効をめぐってイギリスの宗教改革にまで発展したわけで、その過程でキャサリンとの結婚は「無効」つまり、初めからなかったものと宣言されているので、ヘンリからすれば、「元妻」ですらなかった。二番目の妻アン・ブリンと五番目のキャサリン・ハワードは、国王への裏切り、すなわち大逆罪で処刑されているので論外だし、ドイツから迎えた四番目の妻クレーフェのアンも結婚の無効が宣言されているし、亡くなったのはヘンリの死後である。そして、最後のキャサリン・パーはヘンリの死を看取っているが、その翌年に亡くなったときには再婚していた。つまり、葬儀像を使うような葬儀が期待できたのは、ジェイン・シーモアだけであった。しかも、ジェインは、男子後継者エドワード（のちの六世）を産んでおり、王母としても資格十分であった。

テューダー朝の国王の葬儀では、常に葬儀像が使用され、メアリ一世のものも現存している。エリザベスの死後（エリザベスの葬儀像は、一八世紀に復元されたものが残る）、王朝はスコットランドから迎えられたステュアート朝に代わるが、国王として最後に葬列に葬儀像が用いられたのが、その初代ジェイムズ一世（一六二五年死去）であった。ただし、一六一二年に早世した皇太子ヘンリの葬儀でも像が用いられているが、王子の葬儀に像が使われたのはこれがはじめてである。

埋葬場所が不明の王

　ところで、ジェイムズ一世の埋葬には、いささか奇妙なエピソードがともなう。歴代国王同様、ウェストミンスター・アビィに埋葬されたのは確かなのだが、堂内のどこに埋葬されたのかわからなかったのである。これはジェイムズがわざと場所を隠したためである。というのは、ジェイムズ一世は、自分がスコットランドの王朝であるということで、イングランドの人びとの反撥を招くのではないか、ということを危惧《きぐ》しつづけていた。在世中にも、いろいろと「懐柔策」を出すのだが、どうも最後まで安心できなかったようである。それで、死後、埋葬された遺体を掘り出されないために、場所をわからないようにしたのである。ようやくジェイムズの埋葬場所が判明したのは、一九世紀に聖堂内の発掘調査がおこなわれた際で、なんとヘンリ七世の墓所に、ヘンリ夫妻の棺の横に安置されていた。ヘンリ七世の墓であれば、誰も暴くことはないので、見つかることはないだろうと考えたのだろうが、ヘンリ夫妻からすれば迷惑な話である。

　国王の埋葬場所が不明というのは、いかにも不思議な気がするが、イギリスの場合、なぜか近世の国王に「不明者」が多い。エドワード六世も、メアリ一世もはっきりした場所が特定されなかった。現在では、ウェストミンスター・アビィに場所を示すプレートがあるが、メアリ一世は、なんとエリザベスと同じ場所に埋葬されていたらしい（正確にいえば、メアリの埋葬場所に、エリザベスも埋葬された）。ふたりの関係を考えると皮肉なことである。

その後、内乱期になると、処刑されたチャールズ一世にはもちろん葬儀像はないのだが、面白いのは、共和制の立役者オリヴァー・クロムウェルの葬儀は、国王葬儀に倣ったやり方でおこなわれ、葬儀像が用いられている点である。さらに、王政復古に尽力した軍人ジョージ・マンクの葬儀でも葬儀像が使われている。

一方、王政復古後、国王の葬列に葬儀像が使われることはついになかった。チャールズ二世の葬儀は異例で、私的な葬儀として夜間にひっそりと執りおこなわれた。チャールズがひそかにカトリックに改宗したことを気づかれないためであるとか、葬儀を執りおこなったジェイムズ二世が派手な儀式を嫌ったからだ、費用を惜しんだのだ、などともいわれている（図4-5）。そのジェイムズは名誉革命で海外亡命を余儀なくされたため、イギリスでの葬儀はかなわなかった。なお、チャールズ二世の「葬儀像」めいた彫像が残されているが、従来のような葬列で棺の上に横臥させる形で用いたのではなく、弔問者のために霊柩所《れいきゅうしょ》に立ち姿で設置されたものである。

名誉革命後、メアリ二世の葬儀が、公的で大規模な国王葬儀の最後とされている。イギリス最高の音楽家とも評価されるヘンリ・パーセルが作曲した葬送音楽をともなう壮麗な葬列

図4－5　チャールズ2世の埋葬場所を示す質素な石板（ウェストミンスター・アビィ）

が見られたが、従来のような葬儀像は使われていない。その後、イギリスの国王葬儀は、しだいに、公的な儀式というよりは、王室内の私的な儀式へと性格を変えていく。葬儀を取り仕切る役職者もより王室に近いものに代わったし、なにより、埋葬場所が、それまでのウェストミンスター・アビィから国王の居城であるウィンザー城内の聖ジョージ礼拝堂へと移っていったことは、この性格の変化を反映していると考えてよいだろう。

ところで、葬儀像を用いるのと表裏の関係になるが、棺に納められた実際の遺体は、死後すぐに防腐処置を施され、薄く延ばした鉛で全身を覆われた。鉛でできたミイラのような形をイメージすればよいだろう。いったん鉛で封印されてしまうと、それが解かれることはなく、そのまま埋葬されたので、再び国王の顔を見ることはできなかった。

国王の二つの身体

さて、長々と、イギリスの国王葬儀と葬儀像について述べてきたが、それは、葬儀像の役割について、歴史学上の議論があるからである。エルンスト・カントーロヴィチによる「国王の二つの身体」論である。すなわち、国王の身体は、人間として寿命が尽きれば死すべき目に見える自然的な身体と、人の目には見えないが死ぬことのない政治的な身体の「二つの身体」から成り、生身の国王はその両方を同時に持ち、不可分であるという法理論である。

国王が死亡した場合、自然の身体は鉛の棺のなかに納められ、もはや見ることはかなわないが、通常は目に見えない王の政治的身体が、葬儀に際して、華美な王権の表象で飾られた肖像によって人びとに示された。つまり、葬儀像とは政治的身体の具現化であって、自然的身体（遺体）の単なる代用ではないという理解になる。このカントーロヴィチの議論をさらに敷衍《ふえん》して、死せる王の身体から分離した国王の政治的身体が、新王の身体に宿るまで葬儀像に生きつづける、というかなり神秘的な解釈もなされる。

国王に二つの身体を想定するというのは、もともとは中世末・近世の法学者たちの間で生まれた考えであった。しかし、当時の法学者たちが考えたのは、あくまで法理論をどのように説明するかといった文脈であったことを忘れてはならない。たとえば、国王が定めた規定や法律、結んだ契約は、国王個人の約束であって、その死とともに消え去るのか、それとも国王という「公的な存在」が締結したもので、死後も王位継承者に引き継がれるのか、また、後継の王が決まらない場合、空位の間、それらの諸規定は無効になるのか、といった問題をどう考えるかである。法的な継続性を確保して、国制の一部としての国王が不在という状況をなくすために、制度としての王、すなわち「法人格」としての国王を、生身の国王と区別して設定するという、いわば同一人を「公人」と「私人」に区別するものであって、ことさらに政治的身体が遊離して葬儀像に宿るといったオカルト的な解釈を持ち込む必要はない。

実際、このカントーロヴィチの学説に対しては多くの批判が出された。一番説得力があるのは、すでに示したように、王妃や皇太子、さらにはオリヴァー・クロムウェルやマンク将軍、メアリ時代のウィンチェスター司教で大法官であったスティーヴン・ガードナーなど、国王以外にも葬儀像が用いられた事例がたくさんあることから、葬儀像はたんに故人を想起させる手段にすぎない、というものである。

多人数の参列者を動員して、宮廷社会の縮図を目に見える形で示し、権威や支配を表現する各種の旗を並べ、祖先からの系譜を数多い紋章旗によって表現する。国王の葬列に示された視覚的な要素は、被葬者の権威を誇示するためのものであった。当然のことながら、それらの中心には、被葬者自身の生けるがごとき似姿が必要であった。それは理屈を超えて、感覚的に、人びとの心に訴えたに違いない。

葬儀後、これらの像がウェストミンスター・アビィ内に、長年にわたって無造作に放置されていたという事実からも、こういった葬儀像の役割がうかがえる。葬儀像とは、鉛で包まれてもはや姿を見ることがかなわなくなった遺体に代わって、人びとに死者の生前の姿を想起させるための手段であったと考えるべきだろう。それは、現代日本の葬式で掲げられる「遺影」を思い起こせばわかりやすい。葬儀の焼香の際などに、たいていの参会者は遺影を見て涙を流すのであって、遺体が納められた棺を凝視する人はまれだろう。

さらには、国王の死去と葬儀、新国王の即位の前後関係を考えると、葬儀像に過大な意味を見ることには無理がある。中世には、国王の死去から新国王が即位するまでに数日かかる例もあったようだが、基本的には、王が没したのち、新王が即位するのは、即日もしくは翌日であった。つまり、法制度的に死ぬことのない、すなわち「唯一である」はずの政治的身体の継続性維持が目的であるとするなら、葬儀の際には、政治的身体は、すでに新王が引き継いでいなくてはならず、葬儀像に政治的身体が宿るという理解では、政治的身体が同時に複数存在することになってしまい、論理的に破綻している。

むしろ、この二つの身体論の絡みで、興味深いのが、現代日本における天皇の生前退位の問題である。国民主権のもとでの象徴としての天皇位の継承はいかにあるべきか、という問いかけは、神秘的な解釈ではなく、まさに本来の「政治的身体」を想起させる。老いや病による不確実性を排し、とどこおりなく象徴としての機能を遂行・継続するために、社会に混乱をもたらす「天皇の死」を避ける方策ということもできる。君主制が基本的に生身の個人の意志に依拠する国制であるとすれば、象徴天皇制は、属人的な要素をできる限り排して機能すべき制度といえるかもしれない。ただ、その場合、やはり一個人である天皇の「個性」の発露および人権と「国民主権のもとでの象徴」という機能をどのように折り合いをつけるのか、きわめてむずかしい問題をはらんでいる。

第五章
墓と社会

「墓」とは何か

萩原朔太郎《はぎわらさくたろう》の散文詩に「墓」という一篇がある。長くなるが、本章の主題をよく示しているので、全文を引用したい。

これは墓である。蕭條《しょうじょう》たる風雨の中で、かなしく黙しながら、孤独に、永遠の土塊が存在してゐる。

何がこの下に、墓の下にあるのだらう。我々はそれを考へ得ない。おそらくは深い穴が、がらんどうに掘られてゐる。さうして僅《わず》かばかりの物質——人骨や、歯や、瓦《かわら》や——が、蟾蜍《ひきがえる》と一緒に同棲《どうせい》して居る。そこには何もない。何物の生命も、意識も、名誉も。またその名誉について感じ得るであらう存在もない。

尚《な》ほしかしながら我々は、どうしてそんなに悲しく、墓の前を立ち去ることができないだらう。我々はいつでも、死後の「無」について信じてゐる。何物も残りはしない。我々の肉体は解体して、他の物質に変つて行く、思想も、神経も、感情も、そしてこの自我の意識する本体すらも、空無の中に消えてしまふ。どうして今日の常識が、あの古風な迷信――死後の生活――を信じよう。我々は死後を考へ、いつも風のやうに哄笑《こうしょう》するのみ！

しかしながら尚ほ、どうしてそんなに悲しく、墓の前を立ち去ることができないだらう。我々は不運な芸術家で、あらゆる逆境に忍んで居る。我々は孤独に耐へて、ただ後世にまで残さるべき、死後の名誉を考へてゐる。ただそれのみを考へてゐる。けれどもああ、人が墓場の中に葬られて、どうして自分を意識し得るか。我々の一切は終つてしまふ。後世になつてみれば、墓場の上に花輪を捧げ、数万の人が自分の名作を讃へるだらう。ああしかし！　だれがその時墓場の中で、自分の名誉を意識し得るか？　我々は生きねばならない。死後にも尚ほ且《か》つ、永遠に墓場の中で、生きて居なければならないのだ。

蕭條たる風雨の中で、さびしく永遠に黙しながら、無意味の土塊が実在して居る。何がこの下に、墓の下にあるだらう。我々はそれを知らない。これは墓である！　墓である！
（萩原朔太郎『宿命』創元社、一九三九年刊、所収）

『宿命』には、自注が付され、

そこ［墓場の下］にはもはや何物もない。知覚も、感情も、意志も、悟性も、すべての意識が消滅して、土塊と共に、永遠の無に帰するであらう。ああしかし……にもかかはらず、尚且つ人間の妄執は、その蕭條たる墓石の下で、永遠に生きて居たいと思ふのである。（中略）どんな高僧智識の説教も、はたまたどんな科学や哲学の実証も、かかる妄執の鬼に取り憑《つ》かれた、怨霊《おんりょう》の人を調伏《ちょうぶく》することはできないだらう。

と死後の名誉への欲求という妄執のすさまじさをくり返し述べる。

墓とは何か？　今日でも、相当な金額を使って墓を作ろうという人は多いが、われわれは墓をどのようなものと理解しているのだろう。そこに死者の霊魂が留まっている「死者の家」という理解もあるだろうし、ある人が存在したことを伝える「記念碑」と考えることもできる。もちろん、その両面が備わっていることもあるだろう。しかし、死者の霊魂の居場所であるとすれば、死者は（成仏や昇天せずに）この地上世界に留まっていることになる。記念碑であるとすれば、墓参りの際に食物などを供える必要はないだろう。

同じ疑問は、仏壇や位牌《いはい》に対する人びとの意識についてもいえる。仏壇にも死者の魂は宿っているのか、位牌は単なる名札であるのか、それとも魂の拠り代であるのか。墓と仏壇、位牌の関係を、死後の魂の行方との関係で整合的に理解するには、教理としての説明と人びとの意識の間のズレが大きいように思える。

朔太郎のように「何もない」「永遠の無」といい切ることが共通認識であるなら話は早いし、死者の魂が天国なり極楽なりに赴くのであれば、死者の拠りどころとしての墓は必要なくなる。実際、墓を作らない宗教もあるし、日本でも、庶民が墓を作り出すのは、近世以降であるとされる。それ以前には、庶民には墓はなかった、つまり、必要不可欠なものとは考えられていなかったのだ。

キリスト教の世界では事情は異なる。すでに述べてきたように、「最後の審判」や天国の実現がいつなのか、死者の魂が天国に赴くのはいつなのか、という問題、さらには煉獄の存在を認めるか否かという教義と絡んでくる。死者の霊魂は墓に留まるのか、それとも煉獄といった場所に移動しているのか。もちろん、「最後の審判」の際には、遺体のある場所で復活してから裁きを受けることになる。

いささか先走ってしまったが、このように墓も死をめぐる複雑な事情を考える上で重要な意味を持つのである。

遺体の処置

そもそも、人の死に際してすぐに問題になるのが、遺体の処置である。そのまま放置すれば、腐敗して異臭を放つなど、周囲の住環境に悪影響を及ぼすし、疫病の原因となるかもしれない。ずっと死者と隣り合わせで暮らすわけにもいかない。祟《たた》りや穢れを怖れる場合はなおさらである。そもそも放置したままにしておくにしても、そのために確保すべき場所の広さもばかにならない。そこで、何らかの形で、遺体を処分する必要があるわけである。

もっとも広くおこなわれたのが、土中に埋める埋葬である。土のなかで時間とともに遺体は朽ちて、骨だけになる。また、船上で死亡した場合には、遺体を海に投じる水葬がおこなわれた。遺体保存の術《すべ》がなかった時代、遺体を港まで運ぶのはむずかしかった。キリスト教の場合、「最後の審判」の復活のときまで、水底で安らかに眠るということだろう。タイタニック号の引き上げに遺族の多くが反対するのも、そのままこの世の終わりまで静かにその場に置いてほしいという願いからである。

焼却して、遺体を「消す」方法もある。火葬の場合、ヒンドゥー教のように、完全に灰にしてしまい、灰を川に流して、何も後には残さない、墓も作らないというものもあれば、日本のように、骨だけを取り出して保存するものもある。キリスト教では、原則的に火葬は認めないのはすでに述べたとおりである。イスラム教も火葬は認めない。火葬された場合、天国への復活はかなわないのである。

一九九四年、山梨県と栃木県で相次いで、ともに自殺して発見されたイラン人男性を、身元不明の遺体として自治体が規定に従って火葬したが、イスラム教徒を火葬にしたことが問題とされ、大使館から抗議がなされたことがある。同様のトラブルはけっこうあり、火葬が一般的な（また法制度もそれを前提にしている）日本で暮らすイスラム教徒にとって埋葬地の確保は、今もきわめて深刻な問題である。また、イスラム教では、死亡の翌日に埋葬することが普通で、この点でも非イスラム圏の法律や習慣との違いがトラブルになる可能性もある。

遺体を遺棄するという方法もある。本書の最初にも述べたように、古代の日本では、山などに放置して、朽ちさせたり動物に食べられるままにしたりするということがおこなわれていた。動物が関与するということでは、チベットなどでおこなわれる鳥葬がある。遺体を山などに置いて、猛禽類《もうきんるい》などの鳥に食べてもらい、遺体を処置するものである。非文明的で野蛮、という批判もあるようだが、けっして死者を冒瀆《ぼうとく》して鳥に任せるのではない。宗教的な理由はもちろんあるが、その背景には環境条件がある。寒冷地帯なので、埋葬しても遺体が腐食しないで、いつまでも冷凍保存の状態になってしまう。高地であるので、燃料が乏しく、火葬にするのもむずかしい、といった事情からおこなわれてきたものである。

キリスト教の墓所

遺体そのものがなくなってしまう場合には、墓というものはあまり意味を持たないが、遺体なり遺骨なりを埋葬し、その場所を記憶にとどめようという場合、墓が発達することになる。埋葬場所にこだわらない場合は、墓の意味は小さくなる。キリスト教の場合、復活の思想の絡みで、遺体の保存は重要な問題だが、水葬に見られるように、遺体の位置はあまり重要事でないようにも思われる。たしかに、中世には、庶民の墓石は一般的ではなく、埋葬場所は記憶にのみ刻まれた。しかし、それは墓標の有無であって、どこに遺体が埋葬されてもかまわないということではない。墓標はなくとも、やはり埋葬される場所がどういったところであるのかは重大関心事であった。むしろ、かなり場所にこだわる伝統があるといえる。

人が亡くなった場合、通常は、所属する教区聖堂の墓地といった「聖別された場所」に埋葬された。墓地は、埋葬スペースがあればどこでもよいわけではなく、宗教的儀式によって区画された特別な場所であった。近世までは、教区教会の境内《けいだい》が一般的であるが、のちには教会外の場所に設けられることもあった。仏教寺院が、古くは葬儀もおこなわないし、墓も設置しなかったのとは対照的に、キリスト教の聖堂は当初から墓と密接に結びついていた。

そもそもキリスト教の聖堂は、一種の墓といえるのである。カトリックの聖堂には、ミサをおこなう祭壇がしつらえられるが、祭壇には何らかの聖遺物を納めることが求められた。聖遺物とは、キリスト教のために命を落とした（殉教した）り、教会のために多大の貢献をなした聖人の遺物のことである。もっともありがたいのが聖人の遺体であり、次いで、身につけていたものなど、聖人の肌身に近いものが尊ばれた。キリスト教のために命を落としたもっとも重要な存在は、もちろん、イエスであるが、イエスは復活したのち昇天したので、その肉体はこの世界には残っていない。したがって、イエス関係では、十字架や荊《いばら》の冠など、処刑関係のものが重要な聖遺物となる。そうした聖人の肉体（の一部）や衣服といった遺留品（の一部）が祭壇に納められ、その聖人に対して、聖堂が捧げられたのである。聖堂の名称に「聖××教会」といった名前がつけられているのは、その聖人に献堂されたということである。

しかし、無数にある聖堂すべてに聖遺物が行き渡るのか、新しく建てられた聖堂はどうするのか、殉教者の数にも限界があるのではないか、といった疑問が浮かぶだろう。じつは、聖遺物は増えるのである。たとえば、聖遺物に布をかぶせて一晩おくと、聖遺物のパワーが布に移るのである。こうして、聖遺物の力を頒《はん》布《ぷ》することで、教会の支配のネットワークも作られた。もちろん、新造の聖遺物は、もとの聖遺物よりは力は弱いので、できるだけ真正の聖遺物が求められることになり、高価に取引されたり、ときには掠奪《りゃくだつ》まがいのこともおこなわれた。ヴェネチアのサン・マルコ大聖堂に納められている聖マルコの遺体は、九世紀にヴェネチアの商人がアレキサンドリアから盗んできたものである。他所の聖遺物を盗んだり、掠奪することは、中世では珍しくなかった。そんないかがわしい聖遺物に御利益《ごりやく》があるのか、という疑問ももっともだが、それなりに理由付けがなされる。当の聖人自身が移動を希望したというもので、夢枕に立って「自分はお前の聖堂に移りたい」と述べた、といったことを根拠に掠奪を正当化するのである。現代人からすれば、あまりにメチャクチャな話だが、夢に対する中世人の感性はわれわれとはかなり異なっていたことは間違いなく、それなりに説得力を持ったようである。

聖遺物に接すれば、その力を受けることができる、ということは、墓に関しても大きな意味があった。墓が聖遺物に近いほど、聖遺物の「効果」が強いと考えられたのである。つまり、来世の天国行きをより確実にできるということである。当然、有力者はこぞって祭壇近くに埋葬されることを望んだ。

しかし、屋外の墓地ではなく、聖堂内に埋葬してもらえるのか、ということとなると、教会は原則的に聖堂内埋葬には否定的で、公会議で禁令がくり返し出されている。もっとも、

「原則的」というのは例外を認めるということで、司教や修道院長、とくに優れた信仰心を持つ俗人の埋葬が認められることがあった。イングランドでは、ノルマン征服以前から俗人の聖堂内埋葬が見られ、一三世紀には荘園領主や教会のパトロンなどが埋葬されていた。その後も埋葬が認められる俗人の範囲が拡大し、ジェントリや裕福な都市民も許されるようになっていった。

ただし、聖堂内であればどこも同じかといえば、祭壇のある内陣は聖職者限定で、俗人は身廊《しんろう》部に埋葬された。祭壇＝聖遺物に少しでも近いところが「上席」であった。また、聖母子像や聖人像の近くも聖性が高いと考えられたようである。聖堂内で「末席」になるのは、入口の近くであった。よりよい場所を確保するには、もちろん被葬者の社会的地位や徳性も問題にされたが、つまるところ支払うことのできるお金の問題になった。埋葬場所によって必要なお金が違ったのである。デヴォンシァのある墓石には次のような銘文が刻まれた。

ここ、聖堂の入口に、われ横たわる
われ貧しきがゆえに、ここへ追いやられたり
なんじらの支払い更に多ければ、より中へと入らん
されど、われここに横たわる

この銘文、被葬者が自分で考えたなら、相当なユーモアの持ち主であるし、遺族が考えたのなら、自嘲《じちょう》とも金次第の風潮への皮肉ともとれて、なかなか味わい深い。

しかし、入口近くとはいえ、聖堂内に埋葬されるのは特別な人びとであった。普通の庶民は、聖堂の外の墓地に埋葬された。墓地は、聖堂の南側に設けられることが多かった。太陽、すなわち神の光をたくさん受けられる場所である。墓地は聖別された特別な場所であったので、流血事件などによって汚されるのを嫌った。

また、教会の墓地への埋葬を拒否された人びともいる。破門された者、自殺者、決闘での死者、罪人、異端者、洗礼を受ける前に死んだ（つまり、キリスト教徒になる前に死んだ）子どもなどであるが、どういった者を排除するかは、時代や地域によって違いがあった。高利貸しや聖職者の愛人などが拒否されることもあったようだ。

通常の埋葬を拒否された人びとは聖別されていない土地に埋葬されることが多かった。日の当たらない教会の北側は、教会の敷地であっても神聖な場所とはされていなかった。自殺者などが、十字路の脇にひそかに埋葬されることもあった。十字路が十字架を想起させるためだろう。

日本では、分骨したり、遺髪など縁のものを納める墓があり、複数の墓がある有名人は多い（高野山《こうやさん》の奥の院が好例）が、遺体を埋葬するキリスト教世界では、墓は、普通、ひとりにひとつである。しかし、場合によっては、ひとりの人間が複数の墓を持つこともあった。たとえば、愛と信心の宿る場所と考えられた心臓を、遺体の他の部分とは別に埋葬する「心臓墓」が作られることもあった。十字軍に従軍し、異国で亡くなった兵士が、心臓だけは故郷に埋葬されたいと願ったのが起源ともいわれる。二度の十字軍（第七・八回）に参加し、一二七〇年に北アフリカのチュニスで死亡したフランス王ルイ九世の場合、遺体をそのまま故国には運べないので、内臓の一部が現地に埋葬され、心臓と残りの内臓はシチリアに、骨がフランスに持ち帰られた。

ただし、こうした遺体の「分割」は、「最後の審判」の際の復活がどのようになされるのかという問題と絡んで——遺体は全体が揃った状態で埋葬されるべきである、いや、神の力をもってすれば、離ればなれになった遺体も元に戻るのだ、といったような——神学的にはややこしい問題を含んでいた。また、遺体分割への抵抗感の強弱は、地域によって違いがあり、アルプス以北では、あまり抵抗がなかったと指摘されている。教皇ボニファティウス八世は、一三世紀末に、こうした遺体分割を禁止したが、その後も遺体分割の是非をめぐる議論は終息することはなく、心臓などを別個に埋葬することも続けられた。

図５－１　遺骨の掘り出し（19世紀）

墓の掘り起こし

さて、遺体を埋葬するとなれば、ひと一人分の面積の土地が必要になるわけで、埋葬場所が不足することはなかったのだろうか。イギリスの詩人ベン・ジョンソンのように、自分は一人分の面積を占めるほどの人物ではない、と謙遜《けんそん》して立った姿勢で埋葬されたような例はあるが、通常は、寝た姿勢で埋葬するので、大ざっぱに考えてひとり畳一枚の面積が必要になる。いくら人口が今よりかなり少ないとしても、そのうち墓地がいっぱいになってしまうのではないか。

実際、埋葬場所の不足は、とくに土地の限られる都市部で大きな問題であった。そこでおこなわれたのが、古い遺骨を順次掘り出して納骨堂に収める「チャーネリング」という作業である（図５－１）。「最後の審判」までゆっくりと時を過ごすのは、都市部では贅沢であったということだろう。どのくらいの期間で掘り上げるかは、地域によりさまざまであった。『ハムレット』にも遺骨の掘り出しの場面が描かれている。墓掘人にこれは誰の遺骨か、と聞くハムレットに対し、一五年前に埋葬された道化のヨリックの骨だという答え。子どもの頃、ヨリックと遊んだハムレットは感慨にふけるが、そうやって空けた場所に恋人オフェーリアが埋葬されると知って動揺する。川で溺《おぼ》れたオフェーリアは自殺を疑われて、身分にふさわしい埋葬を許されず、かろうじて城外の墓地に埋葬されることになったのである。

さて、一五年での改葬というのは、人情としては、いささか早すぎるように思われるかもしれない。もちろん、旧知の人物の遺骨と対面するという劇的な効果を考えての設定かもしれないが、シェイクスピア当時のロンドンでの事情を反映したともいえる。当時のロンドン（現在の「シティ」とほぼ同じ範囲）は人口二〇万人で、九〇ほどの教区教会がひしめき、墓地不足は深刻で、もっと早く掘り上げられることも珍しくなかった。掘り出された遺骨は、決まった納骨所に納められるが、しかるべき納骨堂を作る地域もあれば、教会裏の地下スペースに放り込む地域などもある。立派な納骨堂は、南欧に多いような印象があるが、イギリスではあまり見られない。

「立派な」納骨堂の写真集まで刊行されており、ヨーロッパ各地のさまざまな納骨の様子がうかがうことができるが、無造作に骨を積み上げているだけのところもあれば、遺骨を部位ごとにまとめてきれいに整理しているものもある。なかには、骨でさまざまな造形物をつくって「アートしている」ものもある。こうした様子を見ると、不謹慎ながらいつも思うのだが、「最後の審判」に際して人びとが復活する際、部位ごとにバラバラにされている遺骨が飛び交って、もとの人の骨格になるのだろうか。間違えて他人の骨が混じることはないだろうが、その様子を想像すると、アニメの一場面のようでもあり、ちょっとしたスペクタクルである。

イギリスでは、二〇世紀になって火葬が増えているので、事情は変わってきているが、それでも、郊外の教会で、まさに埋葬がおこなわれたばかりのときに、「埋葬場所が不足しているので、ご協力をお願いします」という告知札を見たことがある。はて、どう協力すればよいのか。長生きしろというなら喜んで協力したいが、早期の掘り上げとなると、躊躇する子孫も多いだろう。墓地不足は今も続く問題であるようだ。

宗教改革による混乱

宗教改革は墓地にも影響を及ぼした。プロテスタントの国で、カトリック教徒が異端者となり、カトリック国ではプロテスタントが異端となったので、墓地に異端者を埋葬しないという原則が混乱を引き起こしたのである。教区の教会が自分の信じる宗派ではなくなったとしても、先祖代々埋葬されてきた「聖別された」墓地への埋葬を願ったのである。イギリスでも、異端扱いとなったカトリック教徒が、旧来の墓地への埋葬を求めるものの、司祭に拒否され困惑するという事例が多く知られている。

たしかに、「原則」を厳格に実施する司祭であれば、カトリック教徒の埋葬は認められるはずがなく、遺体を運んできた人びとが、墓地に入ることを拒まれ、遺体が教会の前に何日も放置された、ということもあった。どうしても埋葬が許されない場合、既述の自殺者などと同様、人知れず他の場所に埋葬されたようである。反対に、司祭が寛大であれば、知らぬ振りをして目をつぶってくれることもあった。また、土地の有力者がカトリック教徒であったり、カトリックに親近感を持つ場合などは、無理押しで埋葬を認めさせる場合もあったし、別途、埋葬地を用意することもあったようだ。不穏な動きをしない限りは、宗教的な対立を煽《あお》らず、白黒をはっきりさせないというエリザベス時代以降のイギリスの宗教状況を反映して、カトリック教徒の埋葬の事情は、地域や時期によってさまざまであった。

修道院の廃墟《はいきょ》が墓地となっている例もある。宗教改革で修道院が廃され、跡地が廃墟になったものも多い（イギリスの場合、およそ三分の一が教区教会などに転用され、三分の一が建材などに利用するために破壊されて消滅、三分の一が放置され廃墟となっている）。そういった修道

図5－2　タインマス修道院跡

院跡が墓地となっているのである。墓地に転用というよりは、もともと修道院に付属する墓地がそのまま利用されたのだろう。やはりこれも、墓地は聖別された特別な場所であるべきだ、という意識の表れと思われる。いったん聖別されれば、その効力は永続するということだろう。イングランドの最北部の海岸に位置するタインマスの修道院もそういった例で、修道院の廃墟を前に、多くの墓石が海風を受けて静かに立ち並ぶ（図5－2）。修道院解散以前の墓石ばかりでなく、明らかに一八世紀や一九世紀に流行した様式の墓も見られるので、墓地として継続して利用されたことがわかる。こうした海岸に近い墓地は、海風で墓石の腐食が早く、ほとんどの碑文が読めなくなっている。それもまたロマンチックな感興を呼び起こす。同じような地理的条件にある墓地が、ヨークシァの

図5－3　聖メアリ教会の墓地

北部に位置する港町ウィトビーの聖メアリ教会の墓地である。ウィトビー修道院の廃墟に隣接する教区教会であるが、修道院に向かう斜面一面に黒々とした墓石が立ち並ぶ様子（図5－3）は、墓石の間で伸び放題の草が海風に煽られるのと相まって、ロマンチックを超えて、不気味でさえある。実際、この眺めにインスピレーションを得て書かれたのが、ブラム・ストーカーの小説『ドラキュラ』（一八九七年）であり、ウィトビーが物語の舞台として採用されている。

教会と分離した「墓地」の登場

現代の日本では、むしろ寺院とは別個の、特定宗派に限定されない、ときには公営でもある「霊園」としての墓地に馴染みが深いかもしれない。そういった寺院・教会とは距離を置いた墓地は、キリスト教世界でも、フランスで、一七七六年に聖堂内への、一七八〇年に教会境内への埋葬が禁止されたのを契機に登場した。それまでパリ市民の埋葬地として利用されていたサン・イノサン墓地など市内にあった墓地への埋葬が停止されたのである。教会への埋葬が認められないというのは、それまでの聖堂と墓地の関係を考えると意外である。しかも、教会の権威を否定したフランス革命の一環であるならともかく、フランス革命勃発の前である。この禁止に至った背景は、ごく世俗的な理由で、やはり埋葬のための土地の不足、そして、疫病対策という都市問題であった。さらには、しだいに人びとの間に、死者と距離を置きたいという心情の高まりが見られたことも指摘されている。

こうして、パリには、一九世紀にかけて、ペール・ラシェーズ（一八〇四年開設）、モンマルトル（一八二五年開設）、モンパルナス（一八二四年開設）といった都市型霊園が誕生することになる。これらの墓地は、現代では有名人の墓を見るための観光名所となっている。モンパルナスへは、霊園として開設される前の一七八六年から、廃止されたイノサン墓地から遺体が移され、古代ローマふうに「カタコンブ」と呼ばれた納骨堂に納められている。なかには改葬の際にまだ完全に腐敗分解していない遺体もあり、それらから採られた油分でロウソクや石鹼が作られたという、ぞっとするような話もある。

イノサン墓地の跡地は野菜市場になったが、こうした教会や墓地の「再開発」は普通にあることで、のちにも触れるように、通りになったり、公園の一角になったり、住宅が建ったりするのは珍しくはない。近年、一五世紀末のイギリス王リチャード三世の遺骨がスーパーマーケットの駐車場から発掘されたというニュースが話題を呼んだ。ヘンリ・テューダー（七世）との戦いで戦死し、近くの修道院に埋葬されたのだが、その後の修道院解散で修道院はなくなり、跡地が今はスーパーマーケットとなっていたのである（これも市場ではある）。DNA鑑定の結果、リチャードの遺骨であると結論されたが、悪王の代表のようにいわれるにしても、国王の埋葬地がこういった状況になっていることに、むしろ違和感を感じた人も多いかもしれない。

日本では、インターネットで検索すると、墓地のあとに建った住宅を忌避する意見が多く見つかるが、以前は、墓地のあとは商業地として縁起がいいという「迷信」も聞いたことがある。都市計画によって町の様子が一変する日本では、気にしてもキリがないだろうし、墓地というものがはっきりとしていなかった時代までさかのぼれば、どこにでも遺体は埋まっているのだろう。ちなみに、拙宅は、どうも鎌倉最末期の一三三三年に後醍醐《ごだいご》軍と六波羅探題《ろくはらたんだい》の軍勢が戦った戦場（瀬川《せがわ》合戦）、またその三年後、足利尊氏《あしかがたかうじ》と新田義貞《にったよしさだ》が戦った戦場（豊島河原《てしまがわら》合戦）のあたりに建っているようで、深く掘れば、その犠牲者の遺骨なり遺品なりが出てくるのかもしれない。

こうした都市型墓地開設の動きは、ヨーロッパ各国に広がり、ウィーンには映画『第三の男』で知られる中央墓地が作られた（一八七四年）。ちなみに同年、東京の青山霊園が公共墓地として開園している。イギリスでは、フランスのように教会での埋葬の禁止はなされなかったが、やはり一九世紀には「田園墓地」が流行し、郊外に広大な霊園が作られた。一八三二年の法律で建設が促され、ロンドン郊外に七つの墓地が作られた。これらは「素晴らしき七霊園」と俗称されるが、なかでも有名なのが、ロンドン北郊に作られたハイゲイト墓地（一八三九年開設）である。カール・マルクス、ジョージ・エリオット、クリスティーナ・ロセッティなど、多くの有名人が埋葬され、いまも多くの人びとを引きつけている。一八三七年にはヨーク郊外にも霊園が開設されているが、こういった、従来の教区教会の墓地とは異なる霊園の開設は、不足する埋葬場所の確保という面だけではなく、非国教徒といった、教区教会の墓地に受け入れてもらいにくい人びとに、しかるべき埋葬場所を提供するという意味もあった。宗教的な多様化が進んでいたイギリスにとって、ある意味不可欠な施設であったといえる。

こうした「新しい」墓地は、緑豊かなものが多いが、その究極の例といえるのがスウェーデンのスコーグスシュルコゴーデン（森の墓地）だろう。一九四〇年に完成したこの火葬場も備えた共同墓地は、死後、人の魂は森へ帰るという北欧の異界観にもとづいて設計され、森の木々の間に墓が点在する。日本で近年広がりつつある樹木葬に似た思想にも思えるが、旧来型の墓石を建てる点で、樹木それ自体を墓標とする樹木葬とは区別すべきだろう。

しかし、イーヴリン・ウォーが小説『愛されたもの』（一九四八年）で皮肉を込めて描いた南カリフォルニアの田園公園型墓地と遺体処置（エンバーミング）の様子は、似て非なるものである。そこには、イギリス人作家が見た合衆国での埋葬ビジネスへの驚きと違和感が色濃く漂っている。なにしろ、イギリスのマナーハウスを模した霊廟《れいびょう》は原爆にも耐えるし、修復処置され死化粧をほどこされ、堂々と披露される遺体は蠟《ろう》人形のようなのだ。さしずめ、ヨーロッパの田園墓地や近世イギリスの葬儀像のハリウッドふう変奏なのだろう。

第六章 モニュメント

1　モニュメントとは

墓とモニュメント

聖堂内に私的な要素を持ち込むことは、中世から珍しくはなかった。「寄進礼拝」といって、修道院や教会に土地やお金を寄進して、死後、自分の魂のために祈ってもらうことを依頼することがおこなわれていた。さらに、聖堂内に個人用の祭壇を設け、専任の聖職者を雇って、自分および一族のためにだけ祈らせることもあった。どれほど立派な祭壇をどこに設けるか、ということがその家の力を誇示する手段となった。宗教改革によって死者のための祈りの有効性が否定されると、そうした私的な祭壇は廃されたが、その名残《なごり》は、今なおイギリスでは多くの教会で見ることができる。

墓が個人の力を表現するのに効果を発揮したことは前章で触れたが、墓の形態も重要な権力誇示の要素であった。被葬者の像を浮き彫りで刻んだ真鍮《しんちゅう》板（モニュメンタル・ブラス）や等身大に近い石造彫像などをともなった、被葬者の力を誇示する、より立派な墓の建設が中世から盛んになっていた。

しかも、こうした墓は、私的な祭壇とは違って、宗教改革後の教義の変化によっても否定されることはなく、むしろ、社会的権威を誇示する機能は墓に集中することとなった。イギリスではとくにエリザベス時代に宗教体制が安定し、教義上の変化に煩わされることなく贅を凝らした墓やモニュメントを建造できるようになったことが、その流行を後押しした。

モニュメントというのは、文字通りには記念碑であるが、聖堂内に設けられる場合、石造の棺の上に作り付けられた影像や埋葬場所とは別個に被葬者を顕彰するために作られた構造物のこともある。とくに近世以降は、埋葬された場所と分離して作られることが多くなる。

その関係を、よく知られたシェイクスピアの例で示してみよう。シェイクスピアは、ストラットフォード・アポン・エイボンのホーリー・トリニティ教会に埋葬されているが、銘が記された墓石は祭壇近くの床に嵌《は》められている。その下にシェイクスピアが眠っているはずである。そして、聖堂の北壁には、その墓石を見下ろす位置に彼を記念する半身像のモニュメントが設置されている。「記念する」と書いたが、このモニュメントは、劇作家としてのシェイクスピアを顕彰するために建造されたのではなく、ストラットフォードの名士として

図6－1　17世紀半ばに描かれたシェイクスピアのモニュメント

の、つまり地主としてのシェイクスピアを讃えるためのものである。現在、モニュメントを見るとシェイクスピアは右手にペンを持っており、いかにも劇作家然としているが、このペンをめぐっては、ややこしい事情がある。一七世紀半ばに描かれた図（図6－1）では、クッションに腕を置いた姿で、執筆活動を象徴するペンはどこにもない。ストラットフォードのシェイクスピアはじつは劇作家ではない、というシェイクスピア別人説の根拠とされることもあるのだが、実際のところは、劇作家としての評価が高まると、ストラットフォードを訪れたファンがモニュメントの一部を削り取ったり、ペンを失敬したりすることがしょっちゅうあったらしい。

モニュメントには被葬者の肖像彫刻が必須というわけではなく、像をともなわないものもあるが、やはり肖像彫刻をともなうものが多い。こうしたモニュメントは中世から作られており、古い教会では、地元の名士や十字軍に従軍した騎士などのモニュメントを見ることができる。中世末の黒死病の流行期には、「死を想え」《メメント・モリ》の思想を反映した「トランジ」と呼ばれるモニュメントがたくさん作られている。遺体が腐敗している様子や骸骨になった様子を表現したもので、念入りに、遺体にまとわりつくミミズやヒキガエルまで描写したものもある。

近世になると、そういったグロテスクな表現は影をひそめ、被葬者が合掌しながら横たわる姿やひざまずいて祈りのために手を合わせている様子が一般的になる。肘枕《ひじまくら》でくつろいでいるような寝姿も多い。また家族が一緒に表現されることも増えてくる。夫婦並んで合掌したり、小さく表現された子どもたちが並んでいたりする。中世では、等身大に近い像が多いように思うが、近世以降は、複数の像を一緒に表現することもあって、人物像の大きさはさまざまである。

寝そべった姿の場合、足を祭壇の方向に向けるのが定法である。聖所に足を向けるとは不謹慎な、と思われるかもしれないが、復活の際にむくっと起き上がれば、自然と顔と身体が祭壇のほうを向くようにという配慮である。

宗教改革は偶像を否定し、聖堂内からイエスの磔刑《たっけい》像や聖母子像をはじめ、聖人像を排除したが、礼拝の対象でも聖人でもないモニュメントの像は、一部に反対や抵抗はあったものの、宗教改革の波を乗り切り、生き延びることになった。中世から、こうしたモニュメント

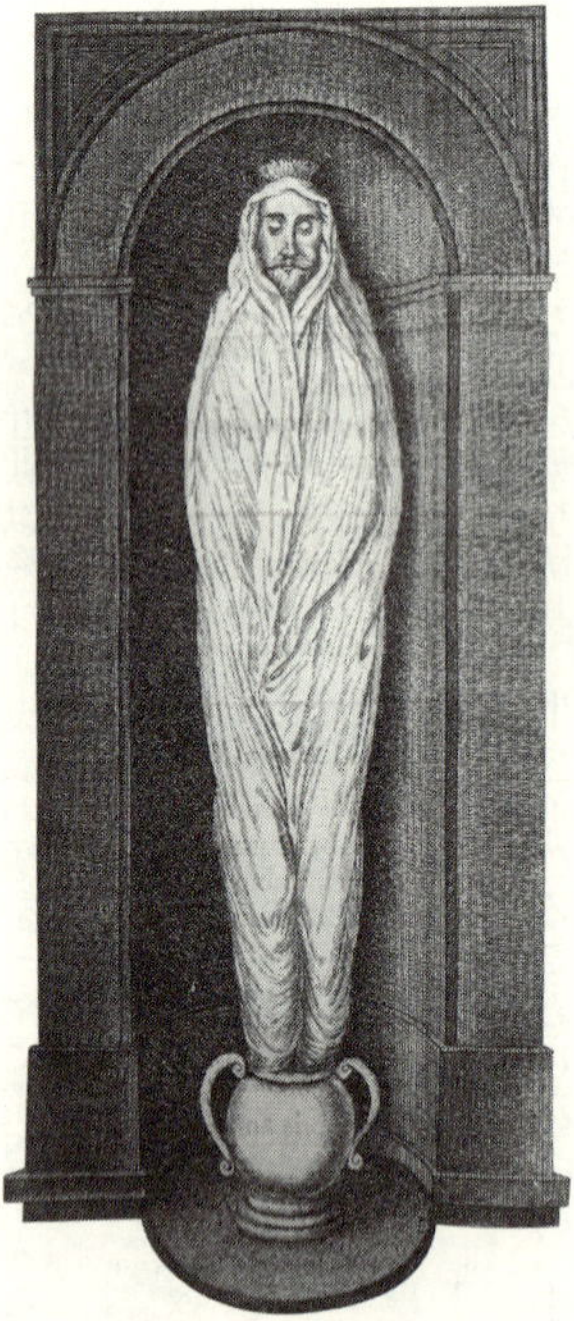

図6－2　セント・ポール大聖堂の詩人ジョン・ダンのモニュメント

は聖堂を訪れる人びとの「見物」の対象であった（だからこそ、立派なものを作ろうとするわけである）が、その伝統は現代まで続くことになる。とくにロンドンのセント・ポール大聖堂やウェストミンスター・アビィのモニュメント群は有名であった。

残念ながらセント・ポール大聖堂の中世以来のモニュメント群は、一六六六年のロンドン大火によって、そのほとんどが失われ、現在は奇跡的に助かったごくわずかなものが見られるにすぎない（図6－2）。セント・ポール大聖堂の罹災《りさい》後は、圧倒的な伝統を誇るウェストミンスター・アビィがロンドンのモニュメント「観光」を一手に引き受けることになり、そのものずばり「墓」とあだ名された。国王戴冠《たいかん》の場でもあるウェストミンスター・アビィには、歴代の国王の多くが埋葬されてきた。ここに埋葬が許されるのは、当初は王族だけであったが、リチャード二世の時代に、王族以外の埋葬もおこなわれるようになり、それ以降、「国民的有名人」の眠る場所となったのである。

モニュメント見物

人びとにとくに人気があったのは、古くからあるモニュメントよりは、比較的近年に建てられた有力貴族や政治家などのモニュメントであったようだ。規模が中世のものに比べて大きく、より豪壮だったのである。イギリスを訪れた外国人にとっても聖堂のモニュメント見物は欠かせないものであったようだ（図6-3）。エリザベス時代の末期にイギリスを訪問したスイスの医師トマス・プラッター（二世）は、セント・ポール大聖堂に作られたエリザベス治世を支えた大法官クリストファー・ハットン（一五九一年没）のモニュメント（図6-4）を見て、「尋常ならざるほどに印象的」と驚いているし（一五九九年九月）、翌年に訪問したドイツの貴族ヴァルトシュタイン男爵も「この教会内でもっとも壮麗で、美しいモニュメントは、大法官ハットンのものであることはまず間違いない。それは黒と白の大理石で作られ、金の装飾を施されている」と称賛している。

また、ヴァルトシュタインはウェストミンスター・アビィも訪れ、次のような感想を残し

図6－3　ウェストミンスター・アビィでのモニュメント見物（19世紀初め）

ている。

イングランドでもっとも素晴らしいもののひとつであるこの聖堂は、壮大で、たいそう美しい。ここはイングランド国王の戴冠の場として、また埋葬の場として知られている。内部には、多数の礼拝堂と非常に壮麗な国王のモニュメントがある。それらについては、ロンドンで刊行されたこの聖堂についての専門書を参照した。……（ヘンリ七世の）壮麗な墓は鍍金《ときん》された真鍮製で、素晴らしい職人の腕の冴《さ》えを示す作品である。墓の上の等身大の彫像は無垢《むく》のブロンズ製で、鍍金されている。夫妻像は頭に王冠を戴《いただ》いているが、それらはさまざまな色の宝石で輝いている。

やはり、墓やモニュメントに関心が向けられているのがわかる。「専門書を参照した」とあるように、すでに聖堂のガイドブックが出版されていたことには驚かされる。歴代国王をはじめ、有名人の墓など見どころの多いウェストミンスター・アビィについては、モニュメントの案内が必要となるのは自然なことで、この案内書は、好古史家ウィリアム・カムデンの著作『ウェストミンスター・アビィに埋葬されし王侯貴顕』で、この年（一六〇〇年）に刊行されたばかりであった。おそらく、観光ガイドブックの嚆矢《こうし》といえるだろう。

図6－4　セント・ポール大聖堂にあったハットンのモニュメント

旅行者がウェストミンスター・アビィを訪れる目的は、国王・著名人の墓やモニュメント見物にあったことを、当時の文人で好古史家でもあったジョン・ウィーヴァは、そのものずばりの著作『古墓碑論』（一六三一年）で「人びとの群れが、ウェストミンスター・アビィの生けるがごとき彫像や堂々たるモニュメントを見るために毎日やって来る」と記している。

　もちろん、イギリス人もモニュメントに魅せられた。内戦期に王党派に与したエセックスのジェントリ、リチャード・サイモンズは、その従軍日記に各地の聖堂についての記述を残しているが、その主たる関心はやはり「大きなモニュメント」であった。ソルズベリ大聖堂でヘレフォード伯のモニュメントを見て、「交差部の側廊南側に、天井に届くほど大きくそびえ立つ立派なモニュメントがある。これまで見たなかで最高の作である」と称賛している。彼にとっては、内戦での各地への転戦も、聖堂見物のよい機会と思えば、苦労も紛れたのだろう。

ただ、モニュメントの「壮麗」さは、賛嘆の的であると同時に、批判の対象にもなった。先のハットンのモニュメントなどは、その大きさゆえの傍若無人ぶりが同時代人の顰蹙《ひんしゅく》をかっている。そうした批判にもかかわらず、モニュメントのもつアピール効果の大きさは、権力を誇示したい者には魅力であった。むしろ、批判の声は、モニュメントの影響力の大きさの裏返しと考えられる。

モニュメントのもつ宣伝効果を利用した例として、エリザベス女王の死後、王位を継ぐべくスコットランドからやって来たジェイムズ一世（ステュアート家）は、自らの王位継承の正当性を誇示するために、ウェストミンスター・アビィにエリザベスのためのモニュメントを建造する。さらに、そのモニュメントの図を版画にして、各地の教区教会に配布した。前王の墓を作るのは、正当な後継者の証であり、それを版画（図6-5）というメディアで反ステュアート感情の強い地域に浸透させようとしたのである。

ジェイムズは、エリザベスの墓を作ったのち、エリザベスに処刑された自らの母親メアリ・ステュアートのモニュメントを同じくウェストミンスター・アビィに作っている。こちらのほうがエリザベスのモニュメントより大きく、費用もかけたものになっている。自らの王位に自信が持てた表れとも解釈できるのだが、ジェイムズは最後までスコットランドからやって来た自分を排除しようという動きがあるのではないか、と心配していたようである。

図6－5　エリザベス女王のモニュメントの版画

というのは、先にも触れたようにジェイムズが亡くなったとき、慣例通りウェストミンスター・アビィに埋葬されるが、その埋葬場所は秘密にされた。死後、スコットランド人の王に不満をもつ勢力が権力を握り、遺体を掘り返すことを怖れたのである。自らの王位への人びとの支持を心配しつづけたジェイムズ一世らしいエピソードである。

ところで、遺体といえば、王族にも

かかわらず遺体そのものが剝《む》き出しで置かれている場合もあったという。ヘンリ五世の王妃キャサリン・オブ・ヴァロアは、ウェストミンスター・アビィの旧レディ・チャペルに埋葬されていたのだが、ヘンリ七世が新たにチャペル（現ヘンリ七世礼拝堂）を作る際に遺体が掘り出され、再埋葬されないまま何百年もの間、干からびた姿を晒していたというのだから驚きである。キャサリンといえば、ヘンリ五世に先立たれたのち、ヘンリ七世の祖父に当たるオーエン・テューダーと再婚し、テューダー家興隆のもとを作った人物である。

しかし、もっと驚くのは、一七世紀に膨大な日記を残したことで知られる官僚サミュエル・ピープスが、一六六九年、三六歳の誕生日にここを訪れた際、「特別の好意によって……この手で（キャサリンの）遺体の上半身を抱き、私は王妃に接吻《せっぷん》した」というのだ。ピープスに遺体愛好趣味があったわけではないだろう。やはり高貴な人びとへの憧《あこが》れというのは、ときに常軌を逸する行動に走らせるのだろうか、それとも、ウェストミンスター・アビィという特殊な空間が常識を打ち消すのだろうか。

モニュメントの流行とその形態

聖堂内のモニュメントによって権威を誇示することは、地方の教区教会でも見られた。宗教改革以前には、貴族や司教、修道院長などが施主の中心であったが、宗教改革後、地主ジエントルマンはもちろん、法律家やより下位の聖職者にまでモニュメント建立《こんりゅう》の風潮が広まっていった。とくに財力という点で余裕のある商人層にもモニュメント建立をおこなう者が見られた。この結果、エリザベス時代からジェイムズ一世の時代にかけて、聖堂内モニュメントの最盛期が到来し、豪華さを競うことになる。

これらの新興層のモニュメントは、自らの職業を誇り、記念するために、事績を目に見える形で残そうとしたものが多かった。先にも引いたウィーヴァの言葉を借りるなら、「子孫にしかるべく引き継がせるために、注目に値する活動の記念となるように、「建立」されたのである。そのため、死者の職業や業績をそのまま像として表現した、物語的なモニュメントも多かった。たとえば、エリザベス女王に仕えたある女官のモニュメントにはその出仕の様子が描かれ、軍人であれば、自らの武勲を示す戦闘場面が表現された。

以前では、彫像をともなうようなモニュメントはきわめて高価なものであったが、この時期の需要の急速な拡大が、モニュメント制作業を刺激し、結果的にモニュメントの価格を押し下げることにもなった。ロンドンの対岸サザーク地区に工房を開いた「サザーク派」が製造業者の代表的存在であった。モニュメント制作を担った職人の多くは外国人であったため、ギルド規制のあるロンドン市内では営業ができなかったのである。

また、増大する需要に応じるために、「類似品」も多く作られた。すべてオリジナルなデ

図6－6　トマス・オーウェン（左）とトマス・ヘスキット（右）のモニュメント

ザインで、一点ずつ違う、というわけにもゆかなかったのである。たとえば、ウェストミンスター・アビィにある、トマス・オーウェン（法律家で、エリザベス女王のお気に入り。一五九八年没）とトマス・ヘスキット（一六〇五年没）のモニュメントは、設置場所の関係で横臥像の向きが反対というだけで、同じデザインを用いた類似の好例である（図6－6）。

さらに、ヨーク大聖堂にある大主教マシュー・ハットン（一六〇六年没）のモニュメントも、オーウェンやヘスキットのモニュメントとほぼ同じデザインである（図6－7）。大主教のためのモニュメントが地方業者の粗悪な模倣作であるとは思えないので、ロンドンの工房が提示した既成のデザインから選択して発注し、ヨークまで運ばせたのだろう。三者が選んだデザインがたまたまかぶったということなのか、ヘスキットやハットン（もしくは彼らの遺族）がオーウェンのモニュメントを気に入って、あえて同じデザインを発注したのかはわからないが、人気デザインだったことは間違いない。

それにしても、ウェストミンスター・アビィやヨーク大聖堂といった特別な場所にモニュメントを作ることができたのに、安くはない買い物が他人と同じというのは、ちょっと残念な気がする。しかも、オーウェンと大主教ハットンでは、少なくとも教会組織内では、やはりハットンのほうが格上だろう。そう思ってみると、ハットンの墓像が渋い表情をしているようにも見えてくる。

図6－7　マシュー・ハットンのモニュメント

ロンドンで作られたモニュメントは評判も高く、地方のジェントリも自分の墓に箔《はく》をつけようとロンドン製を競って求めたため、マーケットは全国的に広がっていった。そのため、遠隔地への輸送が必要となり、いくつかのパーツに分けて現地で組み立てる方式のものも現れ、ときにはデザインに統一性のない寄せ集めの例も見られた。また、需要の増大から、仕上げの粗いものもあったようで、組立ての悪さから崩壊寸前の状態となっているものもある。

影像に比べてはるかに安価な真鍮板のモニュメンタル・ブラスであれば、拡大した需要を満たすために、海外から中古品を輸入することまでおこなわれた。さすがに他人のための銘文が刻まれた表面をそのまま使うのではなく、裏面を再使用したのである。そのため、現存するモニュメンタル・ブラスの多くがイギリスに集中している。また、モニュメントも類似デザインのものを量産することでコストダウンも図られた。そもそも、数多く制作されたモニュメントの彫像やブラスに彫られた像は、厳密な個人の肖像というよりは、聖職者や武人といったその人の属性を示す記号的な要素が強かったとされる。

一般に、墓像の形態はその被葬者や建立者の価値観をよく示すものとも考えられるが、こういった既製品から個人の信仰を推し量るのは無理がある。モニュメント建立に関しては、注文者の関心はむしろ、それらの大きさ、設置場所、素材といった見栄えとその価格にあったと考えるほうが自然で、社会的威信を誇示するためには、宗教的側面より、こうした点が重視されたのだ。

大きさ

一目見て、見る者を圧倒するのは、その大きさであることは、古今東西どこでも同じだろう。大きな神殿を建てたり、巨大な仏像を作ったり、その大きさが力を示すことは明らかである。イギリスの墓もまたそうであった。ヘンリ八世は、ミケランジェロの手になる教皇ユリウス二世の廟墓を凌駕《りょうが》すべく、ウィンザー城に一三〇体以上の彫像をともなった壮大なモニュメントの建造を計画した。大理石など高価な石材をふんだんに使ったもので、彫像も、そびえ立つ台座の上に据えられる主役である自らの等身大の騎馬像をはじめとし、天使像や使徒像など、大は等身大から小さくても七〇センチを超える大きさで、しかもそれらすべてが鍍金された真鍮製にするように指示されている。

残念ながら、あまりに規模が大きすぎて、ヘンリの存命中には完成できず、後を継いだ子どもたちも、その費用の膨大さのため、手をつけることができなかった。なにしろ、完成のための経費を残すと遺言に記しながら、子どもたちに残したのは窮乏した王室財政であったのだから。未完成のまま放置された王のモニュメントは、一七世紀の内戦期に破壊され、高価な石材などは売却されてしまった。

ヘンリ八世のやや誇大妄想的な計画は極端な例であるにしても、宗教改革後にモニュメントの肥大化傾向が強まったことは確かである。実際、仰ぎ見るほどの大きなモニュメントには人びとの賛嘆の声が寄せられた。しかし、大きさよりも質の高さで勝負する、という道もあったのではないか。そのほうが気が利いていて、品格も感じられそうである。残念ながら、当時のイングランドでのモニュメント制作の技術水準はけっして高いものではなく、多額の費用を注ぎ込んだからといって、芸術的に優れたモニュメントが作り出せるわけではなかった。いきおい、財力を誇示しようとするなら、大きさや豪華な装飾、素材といった一目瞭然の要素に関心が向けられることになったのだ。もちろんそこに、見る者の鑑賞力の洗練具合という要素も加わる。芸術後進国であった当時のイギリスに、そういった「よい仕事」がわかる目利きを期待するのはむずかしかったのかもしれない。

かくしてイギリスでは、大きさが権力や社会的地位を示す基準となったことは容易に理解できるし、大きさを競うということは、それだけ人の目につくことを期待してのことであった。しかし、極端に大きすぎると、人の通行を妨げるし、モニュメントが邪魔になって肝心の聖餐式《せいさんしき》が見えない、光を遮って聖堂内が暗くなる、といった批判を受けたのも当然である。

一七世紀になると、大規模なモニュメントの流行はその頂点に達し、規模の競い合いがエスカレートした。身分の高い者であっても、その身分にふさわしい、他人に負けないモニュメントを作ることはかなりの負担であった。一六二五年に没したジェイムズ一世に対しては、国王にふさわしくない中途半端なものを作るわけにはゆかず、モニュメントはついに作られることはなかった。

大きさの競い合いに典型的に見られるように、モニュメントは、できるだけ人の目に触れることが重要であったので、貴族などの有力者のなかには、自分の屋敷内に礼拝堂があっても、あえて教区教会に埋葬場所を求め、そこにモニュメントを建設する者もいた。たとえば、エリザベス治世の大立者であったバーリー卿ウィリアム・セシルは、ハットフィールドにあった屋敷の礼拝堂ではなく、リンカンシァのスタンフォードの教区教会に埋葬されている。「キングメーカー」の異名をとったウォリック伯リチャード・ネヴィル（一四七一年没）も、ウォリックの聖メアリ教会のビーチャム礼拝堂に埋葬されているが、傍らにはウォリック伯アンブローズ・ダドリー（一五九〇年没）とレスター伯ロバート・ダドリー（一五八八年没）兄弟の墓が並んでいる。ロバートはエリザベスの寵臣（愛人）として有名な人物である。一族とゆかり深い地域社会との結びつきを強調しつつ、権威の誇示がなされている。

素材と価格

さらに、モニュメントがどのような素材で作られているかも大切であった。先に触れたヘンリ八世のモニュメントも、すべての素材をどこにどう使うかまで指定されていた。もちろん、高価な素材をふんだんに使うことが墓の権威を高めたのである。

ブロンズや真鍮はモニュメント彫像の素材としては最上の部類に入るが、高価であったの

図6－8　木製のモニュメント（サザーク大聖堂）

で、その使用は国王や有力貴族クラスに限られた。通常、彫像の多くは石像であったが、その石材も、もっとも理想的なのは大理石であった。ただし、大理石はイングランドではあまり産出せず、多くは輸入品であったため、かなり高価であった。そのため大理石も使用は限られ、代わりに用いられたのが、大理石に似たやや軟質の石材であるアラバスターであった。ヘンリ八世のモニュメントでも、これらの石材が大理石とともに墓本体や列柱などに用いられることになっていた。ヘンリ八世といえども、総大理石造り、とはいかなかったのである。

さらに価格が安かったのがライムストーン（石灰岩）である。また、使用例は多くはないが、オークなどの木製の彫像もあった（図6－8）。木製の場合、素材の風合いや木目を生かして、という侘《わ》びさびのきいた美意識ではなく、見栄のため、彩色を施して石材に見せることがなされた。あくまで、仕方なしの代替であって、見る人が見間違えることを期待したのである。

さて、こういったモニュメントの価格であるが、支払われた代金のわかる例をいくつか挙げてみると、一五四四年に完成したラトランド伯のモニュメントは二〇ポンド程度であったが、一五九一年に作られた第三代と第四代の伯爵のためのモニュメントは二体合わせて二〇〇ポンドであった。一七世紀初めのソルズベリ伯ロバート・セシル（エリザベス女王を支えたウィリアム・セシルの息子で、エリザベスの晩年とジェイムズ一世時代の舵取《かじと》りをおこなった人物）の墓の費用は四六〇ポンドであった。ジェイムズ一世によって発注された、ウェストミンスターのエリザベスとメアリ・ステュアート両女王のモニュメントには、合わせて八六五ポンド以上が支払われている。

何ポンドといわれても、現在とは価値がまったく違うので、どれだけ高価なのかピンとこないだろう。物価の換算は、社会構造や階層による生活様式、価値観の違いなどもあって、たいへんむずかしい。とはいえ、ごく大まかなイメージはつかむことはできる。エリザベス時代、小農ヨーマンの年収が三〜六ポンドほどとされるので、これを現代のサラリーマンの平均年収四百数十万円と同等と見なすと、一ポンドが一〇〇万円くらいと考えてよいだろうか。その計算でいけば、羊飼いの収入が一週間で二万円、未熟練の日雇い労働者が日当一万円、熟練していたら二万円、といったところになる。日雇い労働者の賃金がけっこうよいように見えるが、一年を通じて毎日仕事があるわけではないので、年収としてはそれほどにはならなかったはずである。ちなみに地域の有力地主であれば五億から一〇億、貴族なら二五億程度になるが、ここから雇い人の賃金や屋敷・所領の維持費を出す必要があった。上流階級はそれなりにかかりも大きいのである。

この数値をモニュメントに当てはめると、エリザベス時代、一基あたり億単位の費用がかかったことになる。これらはもちろん国王・貴族クラスのモニュメントの費用であって、地方の地主の収入では、これほどの豪華なモニュメントを作るのはさすがにむずかしかっただろう。また、シュロップシァの学者アーサー・ヴェロンは自らの墓の石材費として一・五ポンドを遺しているが、これでは、敷石形式の墓碑が可能な程度だっただろう。現代の日本に当てはめてもごく普通のお墓の価格だろうか。まあ、学者というのは、昔も今も、それほど儲かるものではないのだけれど。

多額のお金をつぎ込み、豪壮さを競ったモニュメントには、もちろん多くの批判も寄せられた。一七世紀初めのあるピューリタンは、「墓所に多額の費用を注ぎ込むことは、現在の悪弊のひとつである。彫像やオベリスク、墓碑に贅沢に使われた多額の費用を、教会の建物にあてる」べきで、そうすれば、「教会をないがしろにしているという批判」がなくなる、と苦言を呈している。エセックスの有力地主、トマス・レイサムのように自ら豪華な埋葬を拒否した者もいる。彼は一五九三年の遺言で「いかなる紋章もつけないで、儀式もおこなわないで」埋葬すること、その代わりに近隣の貧民に、今後五年間、二〇シリング（一ポンドと同額）ずつ施しをおこなうよう指示している。ただ、こういった声は少数派であった。

モニュメントと社会秩序

宗教改革を経てもモニュメントは生き延びた、と先に記したが、モニュメントにしつらえられた彫像などが偶像崇拝に当たるとして、急進的なプロテスタントが各地で破壊に及ぶこともあった。こうした「偶像破壊」は一六世紀半ばエドワード六世の時代に顕著であった。一七世紀の歴史家ピーター・ヘイリンはその状況を次のように記している。

すべての紋章が破壊され、死者に捧げられた墓やモニュメントから真鍮がすべてひき剝がされた。それらのなかには、破壊者自身のものや、妻子のもの、祖先の墓もあった。それらはもともと子孫のために守られてきたものだったのに。

こういった状況に対して、エリザベスが即位して二年後の一五六〇年に、聖堂内モニュメントの破壊を禁じる国王布告が出された。この布告では、違反者を投獄や罰金で処罰することが命じられている。しかし、当時、聖堂内の聖人像を「教皇的迷信」として破壊することは公に認められたのに、なぜモニュメントだけが保護されたのだろうか。エリザベスはモニュメントの保護によって何を意図したのだろう。

ピューリタンの行きすぎを抑え、その勢力の拡大を牽制《けんせい》しようという意図もあったのかもしれないが、国王布告を検証すると、また違った意図も見えてくる。布告で述べられているところでは、聖堂内のモニュメントとは、

そこに埋葬された者を子孫に向けて記念するためのものであったり、その教会を建てたり、寄贈した人びとを記念するものであって、なんらの迷信を助長するものではない。……被葬者の思い出を子孫に残すためだけに建造されたのであって、いかなる宗教的な名誉のためのものではない。

というわけである。文字通り「記念物」であって、宗教的礼拝の対象ではない、というのが保存の根拠であった。

教義として否定すべき聖画像といった「偶像」と、崇敬の対象ではないモニュメント像を

区別すべきだという至極もっともな理由であるが、当時、その区別をきちんと理解しないまま、肖像や図像があれば「教皇的」であると考え、破壊してしまうことは、図書館などの破壊活動にも見られた現象であった。挿し絵があれば、内容も見ずにカトリックの本だとして破棄されることがあったのである。

ヘイリンも先の文章に続けて「教会の鐘は教皇支配の時代に洗礼を施されている」「聖堂自体が迷信に汚れている」という理由で、聖堂の財物が掠奪され、売却されたことを記している。また、混乱に乗じた掠奪まがいの行為もあった。ウィーヴァも、こういった「墓の破壊者」には「長い間隠されてきた宝を見つけよう」という期待があったのだ、と指弾している。

さらに、国王側が処罰をおこなってでもモニュメントを保護しなければいけないと考えた理由として、注目したいのは「社会秩序」の問題である。国王布告には、モニュメント破壊という蛮行が、高貴な人びととその記念に対する攻撃であるばかりでなく、「王国内の（同じ祖先から血を分けた）さまざまな家系を正確に理解することが、こういった破壊行為によって困難となってしまい、家系の正しい継承の流れが、今後、不正に歪められてしまうかもしれない」という危惧が表明されている。つまり「家系」を明らかにする証拠としてモニュメントを守る必要がある、というわけである。家系こそが上流階級の権威を保障するものであり、それを正しく維持することが、社会秩序を守る上で不可欠と考えられたのだ。

モニュメントを保護しなければならない、という意志の背後には、秩序が揺らぐことへの強い危機感が感じられるが、モニュメントに対する攻撃は、とりもなおさず現支配層への攻撃であり、社会そのものへの攻撃と見なされたのである。

当時の上流階級の遺言書からも、家系の誇示と社会秩序の維持という側面こそがモニュメント保全の核心にあったことが浮かび上がってくる。たとえば、一七世紀初め、シュロップシァのサー・エドワード・スタンリは、ダービー伯爵家に連なる自分の家柄に見合った墓を希望している。エセックスのサー・ジョン・ダーシーも、一五八一年に「われわれの身分と地位に見合った、見苦しくない」墓を、自分とすでに故人となっていた妻のため、そして自分の両親のために、二年以内に作るよう指示している。

「家系」の継承性を強調しようという意図はさまざまな形で、モニュメントそのものに刻印されている。当時、上層の有力者にのみ使用が許された「紋章」は、家柄を視覚的に表現する手段として広く採用されていた。当然、家系を誇示することを目的としたモニュメントにも不可欠の要素であった。紋章が刻まれているだけで、格が上がったのである。商人階層でも、正式の紋章はまだ許されていなくても、自らの商標などをあたかも紋章のようにデザインして、墓に彫り込むことさえおこなわれた。当時、認可を受けていない紋章の使用は御法度で、役人による調査もおこなわれていたのだが、こうした「紋章もどき」は、いかに紋章の持つ権威が魅力的であったのかを如実に示している。

紋章以外に、一族の歴史を誇示する方法として、もっとも意図が明瞭なのは、代々の祖先の像をずらりと並べる形式のものである。『旧約聖書』「イザヤ書」にもとづく「エッサイの樹」の図像表現を真似《まね》た「家系樹」のイメージを用いるものもあった。モニュメント上で反復されるこういったイメージからは、モニュメントが個人のものであると同時に、一族の歴史の古さと権勢を示す役割も期待されたことがよくわかる。

三代サセックス伯トマス・ラドクリフも遺言書（一五八三年）で、すでに建築が始まっていた礼拝堂の内陣中央に「白いアラバスターその他の石材を用いて、私が自ら書き示した計画に従って墓を建て……わが祖父母、両親の遺体を取出し、礼拝堂へ運び入れて埋葬せよ。そして、神が私自身をお召しになったときには、同じ場所に埋葬せよ」と指示している。

家系は古いほうが箔がついたので、どれほど古くから名門であったかを誇示するために、実際には存在しなかった紋章を捏造《ねつぞう》し、モニュメントに添えることさえおこなわれた。祖先の存在を強調するために、新たに祖先のモニュメントを建造することはもちろん、存在しなかった祖先の捏造すらなされたという。

とくに家系の強調を必要としない場合、たとえば、国王などは、王朝が順調に継承され、血統を強調する必要のない時期には、モニュメントを必要としなかった。意外にも、テューダー朝では、エドワード六世やメアリのためのモニュメントは、一部計画もあったが、結局は築かれなかったし、ヘンリ八世のモニュメントも、計画が大きすぎたこともあるが、未完のまま放置された。ジェイムズ一世がエリザベスのモニュメントを建てたのは、「外国」であるスコットランド王国の国王が、イングランド王国を継承したという非常事態に対して、自分こそがエリザベスの正統な後継者であることを印象づけるためであったことは、先に触れたとおりである。

分不相応のモニュメント

社会秩序の表現として立派な墓が作られつづけた一方で、この秩序がゆっくりと綻《ほころ》びはじめていたことも確かであった。モニュメントを求める階層がしだいにより下層まで拡大していったのである。モニュメントが社会的地位や身分秩序の表現と理解されたということは、反対に、社会的に下位の者が上位の者よりも立派なモニュメントを作るのは許しがたい行為であったということになる。「分不相応の」モニュメントは、あるべき秩序を乱すもので、けしからんというわけだ。ジョン・ウィーヴァは次のように、ロンドンの商人が貴族に匹敵するようなスケールのモニュメントを作ることを非難する。

人びとが称賛を向けているモニュメントは、裕福な元商人や強欲な高利貸しのものであって、それらはウェストミンスターに葬られた偉大なる君侯に対する称賛よりも大きい。そして、非常に大きいので、教会を占拠し、人びとの礼拝の邪魔になっている。

この非難は、裏返せば、誰でも金さえあれば上流階級と同じことができた、ということを示している。いくら苦々しく思って非難を向けたところで、身分や階層を理由にして、モニュメントの建造に制限を加えることはできなかった。実力をつけてきた新興層にしてみれば、立派なモニュメントを建てることは、身分秩序にがんじがらめにされた古い時代が終わり、「新しい」時代が到来しつつあることを実感する術でもあったのだ。

しかし、こののち、モニュメント建造の下克上《げこくじょう》によって社会秩序が乱れるより前に、「モニュメント熱狂」はしだいにおさまっていった。まずモニュメント競争から身を引いたのが王族であった。国王たるものが、臣下より地味な墓を建てるわけにはいかない。しかし、費用を出す余裕がない。ならば、はじめから作るのをやめてしまう、ということである。

ジェイムズ一世が築いたエリザベスのモニュメント以降、国王のための大がかりな墓は姿を消し、ジェイムズ自身のモニュメントも作られなかった。その代わりになったのが、葬儀

図6-9　ジェイムズ1世の霊柩所

の際に作られた一時的な霊柩所であった（図6-9）。葬儀像を据えた棺を安置して、弔問に応える場所である。一六一二年にジェイムズ一世の皇太子ヘンリが死去した際にも、一六二五年のジェイムズ一世の葬儀に際しても、凝った意匠の霊柩所が作られ（ジェイムズのものは建築家イニゴ・ジョーンズのデザイン）たが、その外見はあたかもモニュメントのようであった。いわば、一時的な疑似モニュメントといえるだろう。意匠は凝っていても、あくまで仮設で、葬儀が終われば、きれいさっぱりなくなってしまう。参列した人びとの記憶には留め置かれただろうが、未来永劫《みらいえいごう》、保存されることは無理であった。

2　戦争の英雄を記念する

ネルソンとウェリントン

国王がモニュメントを作らなくなったのに加え、国王の埋葬の場所もウェストミンスター・アビィからウィンザー城内の礼拝堂へと移っていった。多くの人びとの目に晒される場所から、私的な空間への撤収である。それと入れ替わるような形で、ウェストミンスター・アビィやセント・ポール大聖堂には、偉人や英雄たちが次々と埋葬され、立派なモニュメントが作られるようになる。とくに、一八世紀を中心に繰り広げられた対フランス戦争で活躍した軍事的な英雄を公的に顕彰する場となった。

そうした代表的な軍人としては、ナポレオン戦争で名をはせたホレイショ・ネルソンを真っ先に挙げないといけない。一八〇五年のトラファルガー沖海戦でフランス・スペイン連合軍に勝利するものの、狙撃兵《そげきへい》に狙われ、戦死を遂げた。こうした海上での死は水葬になるのが普通であったが、ネルソンの場合、遺体は防腐のためにラム酒の樽《たる》に浸けられ、急ぎ本国に送られた。待ち受けていたのは、盛大な国葬。敵艦から奪った巨大なフランス国旗が掲げられるなか、セント・ポール大聖堂に埋葬された。その石棺は、かつてヘンリ八世の墓のために用意されていた石材で作られたものであった。一八四三年には、トラファルガー広場にネルソン記念円柱が建てられた（図6－10）。円柱があまりに高いため（四六メートル）、頭頂に立つ肝心のネルソンの石像は、五・五メートルの巨像であるにもかかわらず、よく見えないという「欠点」はあるのだが、今日に至るまで、ロンドンの名所として多くの人びとが訪れる場所となっている。

そして、陸軍を率いてナポレオンと戦い、ワーテルローで打ち破ったウェリントン公も、劇的な戦死こそしなかったものの、救国の英雄として、また首相を務めた大物政治家として、同じくセント・ポール大聖堂に埋葬され、これまた巨大なモニュメントが築かれた。その完成は二〇世紀のことである。また、国会議事堂では、ネルソンの死を描いた壁画と向かいあう形で、ワーテルローの勝利を描いた壁画が議員を迎える。長命であったウェリントンの場合、存命中から各地にウェリントン記念碑が建てられた。やはり、死後の顕彰より、生き残

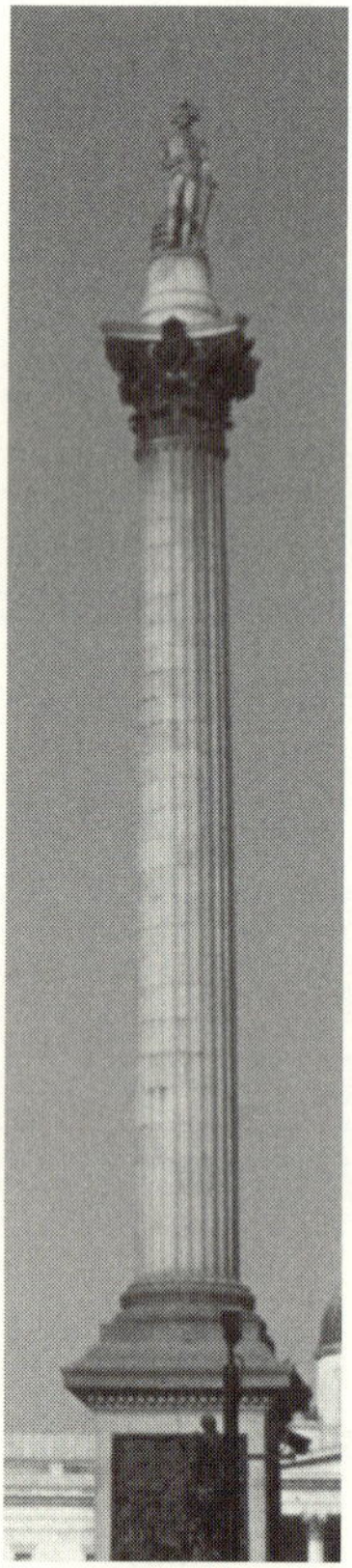

図6－10　トラファルガー広場のネルソン記念円柱

って、自らの記念碑を除幕するほうが気分はよいだろう。

　この二人を代表として、多くの軍人が両聖堂に埋葬され、その功績にふさわしいモニュメントが作られた。これらのモニュメントは、近世のモニュメントの多くが個人の負担で作られたのに対して、公的なものとして建造された。個人の権威を誇示するために発展してきたモニュメントの歴史の新たな展開である。

　こうした軍事的英雄を目に見える形で誉め讃える手段は、モニュメントに限らなかった。フレンチ゠インディアン戦争における一七五九年のケベック攻略戦で（フランスの拠点ケベックは、北米唯一の城塞都市であった）、ケベックを落城させながらも戦死を遂げたジェイムズ・ウルフ将軍の死の様子を描いたベンジャミン・ウェストの絵画（図6－11）が、発表されるやいなや大反響を巻き起こしたのである。この絵が描かれたのは一七七〇年で、ウルフの死から一〇年以上経っていたし、画家の想像によって生み出された情景であったのだが、それゆえに劇的な効果は抜群で、それ以後の歴史画の手本となった。多くの軍人が、戦死した場合には、その死の様子をウルフのように描いてほしいと願ったのである。ネルソンもそうした一人であった。実際、狙撃されたネルソンが「神に感謝します。私は義務を果たしました」という名文句を残して息を引き取ったのは、船艙《せんそう》に運ばれてからであったが、ネルソンの死を扱った多くの絵画（国会議事堂に描かれている壁画も例外ではない）は、ウルフ将軍

図6-11　ベンジャミン・ウェスト『ウルフ将軍の死』

図6-12　ダニエル・マクリーズ『ネルソンの死』（部分）

のようなポーズで甲板上で部下に抱き支えられる姿で描いている（図6－12）。やはり、ヒーローはヒーローらしいポーズで、それにふさわしい場所で、何か気の利いた一言を残して死を迎えなければサマにならないのだ。

無名兵士の顕彰

特別な英雄が特別に顕彰されるという流れに、一九世紀から二〇世紀初めにかけての戦争（クリミア戦争、ボーア戦争、第一次世界大戦など）で多くの犠牲者が出たことがきっかけで、変化が生じた。とりわけ第一次世界大戦の戦死者（七五万人）は、それまでの戦争とは比較にならない多さで（第二次世界大戦時の戦死者よりも多い）、士気を鼓舞する意味からも、遺族の心情に寄り添う必要からも、出征兵士の英雄化・顕彰の動きが進んだ。地方都市でも、広場などに従軍兵士を讃える巨大な記念碑が立っているのをしばしば見かけるが、刻まれた年号を見ると、たいていは第一次世界大戦で犠牲になった兵士のために建立されたもので、第二次大戦の戦没者は「追加」で刻まれていることも多い。

そうした出征兵士顕彰のなかで生み出されたのが、ウェストミンスター・アビィの「無名戦士の墓」である。入口近くの床にしつらえられたこの墓には、どの戦場でいつ死亡したのかは特定できないように選ばれた、身元のわからない一兵士の遺骸が納められている。つまり、遺体が戻ってこなかった戦死者の肉親の誰もが、ここに埋葬されているのは自分の家族であると「想像」することを可能にする手段であった。戦場や時期が限定されれば、それだけ対象となる範囲が狭まってしまう。戦死者、ただそれだけで、それ以上の何の情報もない一人の兵士の遺体であることで、すべての無名兵士を体現することができたのである。

戦没者の記念碑としては、ロンドンの官庁街ホワイトホールの道の真ん中に立つ「セノタフ」もよく知られる（図6-13）。一九二〇年に建造されたもので、第一次世界大戦の休戦記念日である一一月一一日に国王ジョージ五世によって除幕され、今日でも公的な戦没者慰霊式がここでおこなわれる。ただし、セノタフとはギリシア語で「空の墓」を意味するように、遺体や遺骨は納められていない。墓でもないし、特定の宗教に特化した施設でもない。また、スコットランドとウェールズにも、独自の施設がある。エディンバラ城に一九二七年に開設されたスコットランド国民戦争記念館とカーディフにあるウェールズ国民戦争記念碑（一九二八年除幕）である。

毎年一一月になると、セノタフをはじめとして、イギリス中のこうした戦没者の墓や記念碑は、造花の赤いヒナゲシの花で覆われる（図6-14）。フランドルでの第一次世界大戦の激戦地に、赤いヒナゲシの花が咲き乱れた、という「伝説」を歌った詩から生まれた習慣である。死者の魂が花に転化したというロマンチックな連想と、花色が血の色と合致したことから人びとの琴線に触れたのだろう、今なお、人びとは、戦没者記念日が近づくと、日本の赤い羽根のように、胸に赤いケシの造花を飾るのである。この造花は郵便局などで募金すれば一つもらえる、といった形で手に入れることができるが、墓などには大量の造花で作ったリースが飾られたりしている。造花を使うのは、一一月はケシの花時期ではないため、生花が手に入らないからだろう。

戦闘で壮絶な死を遂げた軍人が英雄に祭り上げられることは、容易に想像できる。古くは、

図6－13　セノタフ

図6－14　造花の赤いヒナゲシ

ペルシア戦争での「テルモピュライの戦い」で全滅したスパルタ軍のために「旅人よ、ラケダイモン(スパルタ)の人びとに、行きて伝えよ。われら、かのことばに従いてここに伏すと」という有名な碑文が作られたことをヘロドトスが伝えている。

近代では、カスター将軍率いる第七騎兵隊が、スー族を中心としたアメリカ先住民との戦闘で全滅した顚末《てんまつ》は、カスターの無謀な作戦指揮が原因であったが、それにもかかわらず彼を英雄化するのに十分な衝撃をもった事件であった。映画などでくり返し描かれ、一九七〇年代までそのイメージが強固に残った。映画というメディアもまた、モニュメントや絵画の現代的な変奏だろう。しかし、この事件を題材にして作られた(作中人物名はもちろん変えられており、あくまで創作脚本である)ジョン・フォードの『アパッチ砦《とりで》』(一九四八年)では、無謀な指揮官によって部隊が全滅させられるという筋立てで、カスター神話に異を唱えた作品としてはもっとも早いもののひとつである。しかし、その幕切れ、指揮官に批判的であった主人公(演じるのはジョン・ウェイン)は、後年、新聞記者たちの質問に答える形で、すでに伝説化していた指揮官の「英雄的な最期」を否定せず、あえて肯定する。軍隊の士気を維持し、引き継ぐためには(実像とは違っても)英雄が必要だ、というのちの「伝統の創造」という歴史学の潮流を先取りしているかのような視点に驚かされる。

ヒーロー(たち)の死は、できるだけ悲劇的なほうが人びとの琴線に響く。第二次世界大戦時に日本で描かれた「戦争画」にもそれはいえる。藤田嗣治《ふじたつぐはる》の『アッツ島玉砕』（一九四三年）や『サイパン島同胞臣節を全うす』（一九四五年）などは、戦局が逼迫《ひっぱく》するなかで、その凄惨でむごい情景ゆえに、戦意高揚に役立つと考えられたのである。勝利だけが人びとの心を鼓舞したわけではない。ただ、これらの作品、何度か見るうちに、意外に静的な印象を感じるようになった。兵士などの表情に動きが乏しく、まるでジオラマの人形のようにも見えてくる。スケッチはもちろん無理だが、モデルも使わず、画家の頭のなかでさまざまなパーツを組み合わせて構成したことが、夢のような（もちろん悪夢だが）どこか現実から離れた距離感を生み出しているのだろうか。

太平天国の乱の鎮圧で名を上げたゴードン将軍の死もまた同じである。スーダンで起こったマフディーの乱の際、ハルツームで来ない援軍を待ちながら、ついに戦死した（一八八五年）事件は、援軍を送るのを渋った首相グラッドストーンへの非難となり、ゴードン将軍を祭り上げるのに十分であった。帝国各地に将軍の像が建てられ、その肖像画は版画によって流布した（かのシャーロック・ホームズの相棒ワトソン博士も、そうした一枚を所蔵していた）。そうした版画にもまたモニュメントと同じ働きを――むしろより広範囲の影響を――期待できただろう。

図6－15　ヨーク市街の小さな広場

その後

個人のモニュメントは、一八世紀の古典主義、ヴィクトリア期のゴシック趣味と、時々の流行に合わせて作りつづけられたが、ひたすらに大きさや豪華さを競うことはなくなっていく。碑文だけの簡素な銘板や、優美な浮き彫りを配したロマンチックな墓碑など、趣味のよさや教養を示すものが多くなる。ヴィクトリア時代には、再び聖堂内に作られるようになったステンドグラスを寄進して、そこに故人を偲《しの》ぶ銘文を記すこともおこなわれるようになった。手段は変わっても、故人の名前と家名を後の世まで知らしめたい、という思いは同じである。

ところで、こうして作られた墓や記念物は、実際に故人の遺徳と家名をきちんと後世まで伝えてくれたのだろうか。建造した人びとは、教会に作っておけば大丈夫と考えたのは間違いない。時とともに多少はすり減っても、「最後の審判」の日まで、そのまま残ることを期待したはずである。聖堂そのものが消えてなくなるとは、まず考えなかっただろう。しかし、

図6－16　かつて聖堂だった軽食堂の床

現実は、もっと非情であった。

たとえば、宗教改革の際に修道院が廃止され、破却されたものも多かった。墓はどうなったのか。修道院については、すでに触れたように、遺体は改葬されずに、墓はそのままにされたのが普通のようだ。だからリチャード三世の遺骨が、スーパーマーケットの駐車場から掘り出されたのである。時代は下って、二〇世紀後半になると、都市再開発の波という、これまた近世人には想像もつかなかった事態が起こった。道を広げたり、広場を作ったり、大規模開発をするために、教会が移転したり、廃止されたりすることがあった。墓はどうなるのか。やはり、移転せずそのままである場合もある。ヨーク市街の市民が憩う小さな広場。人びとが座るベンチの足もとをよく見ると、墓碑銘が見える。人びとは墓石の上で休んでいるわけだ(図6-15)。

さらに、最近は、宗教離れから人びとが礼拝に来なくなったため、教区教会が維持できなくなり、教会の統廃合が進んでいる。使われなくなった聖堂は、集会場になったり、食堂になったり、ホテルになったり、酒場になるものもある。墓は? やはりそのままであることが普通のようだ。かつて聖堂であった軽食堂の床には、墓碑銘が読み取れ、その上にポテトチップスのかけらが落ちている、といった光景も不思議ではない(図6-16)。建物が残っているのは、まだましかもしれない。建物が撤去され、墓碑も剝がされ、死者の記念のために寄進されたステンドグラスが売却されたり、破壊されたりする。破壊するには忍びない有名人の墓だけが、ぽつんと跡地に立っている、ということもある。文化財として価値があれば、博物館の収蔵庫に収められることもあるだろう。でも、多くのかつての栄華の証は、知らないうちにこの世界から消えてしまっているのである。故人の思い出とともに歴史の証言も一緒に。

エピローグ――メメント・モリ

「ボディ・ファーム」と俗称されるプロジェクトが、合衆国のいくつかの大学で進められている。直訳すれば「遺体の農園」。遺体を自然のなか、野外に放置して、その時間的な変化を詳しく記録するというもので、蓄積されたデータは、犯罪捜査などに生かされる。たしかに、自然条件によって遺体の変化には大きな違いがあり、そういったデータの有効性は明らかで、シャーロック・ホームズならひとくさり講釈を垂れそうだが、これまでそうした基礎データがなかったということは意外だった。

教え子に、このプロジェクトの存在を教えられて、インターネットで検索してみると、動画も見ることができた。そこに堂々と映し出される遺体は、まさに中世末期のトランジ墓や「死の舞踏」に描かれた朽ちゆく遺体と同じであった。中世や近世の人びとにとって、こうした遺体が日常的な世界のなかにあったことが実感された。日本の中世でも、源信《げんしん》の『往生要集《おうじょうようしゅう》』やさまざまな経典にもとづいて描かれた六道絵や九相図《くそうず》といった仏画には、野に打ち捨てられた遺体が、まず体内に生じるガスでパンパンに脹《ふく》れあがり、腐敗し、その後は野犬などに食い荒らされ、朽ちて自然に帰っていく様子がリアルに描かれており、やはり日常的な光景であったことがうかがえる。江戸時代の刑場には、獄門になった遺体が晒されていたはずである。

なにも中世や近世にまでさかのぼることはない。第一次世界大戦の塹壕戦《ざんごうせん》を撮影した写真のなかには、白骨化した兵士の遺体が写っているものもある。つまり、収容もできず、塹壕の前に放置され、朽ち果てて白骨化するまで、戦友が見守っていたということである。落語にも「野ざらし」(上方では「骨つり」)がある。釣りをしていたときに見つけたドクロを回向《えこう》したら、お礼に美女が現れる、という話。やはり腐敗してゆく遺体、白骨化した遺体が身近にあった時代のリアリティだろう。

ひるがえって、現代日本では、こうした死の様相が身近なものでなくなって久しい。たいていの遺体は腐敗する前に処置され、きれいなまま荼毘に付される。「美しく」最期を迎えた遺体は、やはり美しい別の世界に移行する、と想像されるのは自然だろう。

筆者の「遺体体験」として、乗っていた電車が人をはねたことがある。先頭車両であったので、遺体の処置の様子が窓から見えた。轢死体《れきしたい》を見るのはもちろんそれが最初で唯一の経験である。衣服も含めてあまりに見事に両断されてしまうのに驚いたが、それ以上は正視できなかった。このとき、戦場とは、こうした遺体が散乱する場なのだ、ということに思い至り、やはり戦争を知らない人間の戦場イメージや戦争観というのは、戦争アクション映画のような虚構、またゲームめいた危うさがあると感じたのを思い出す。

こうした死に囲まれたなら、精神を正常に保つのはむずかしいだろう。戦争神経症の原因のひとつであるが、裏返せば、非情な戦争を遂行するには、そういったまっとうな精神を麻《ま》痺《ひ》させ、一方で、きれいな死と安らかな来世を用意する必要がある。戦争の犠牲者を祀り、讃え、記念する施設に凄惨な死の実相が示されることが少ないのは、当然だろう。反対に、個々の死の無残さ、理不尽さ、無意味さに向き合うことは、平和への思いにつながる。

ただ、志向する方向は正反対でありながら、その境界は曖昧である。藤田嗣治の戦争画を見るとき、人は何を思うのだろう。発表当時は、当然、戦意高揚に役立つものと考えられたはずである。悲惨であるがゆえに、死者の無念を思い、敵意が高まる。今、美術館でひっそりと公開される作品の前に立つと、むしろ空虚さが漂うように感じてしまう。死は鏡となって、見るものの心を映すのだろうか。

戦争を主題にした絵画は日本に限ったことではない。イギリスで戦争を描いた画家といえば、ポール・ナッシュが代表的だろう。第一次世界大戦時には塹壕戦を、第二次大戦では空中戦や飛行機の残骸をモチーフにした作品がよく知られている（図7－1）。その抽象絵画のような画面は美しく、戦意高揚も感じない代わりに、悲惨さも稀薄である。同じような「美しい」戦争画は日本でも描かれている。空中戦などをパノラマ的に描いたものが多く、一幅の風景画や抽象画のようにも見える。中村研一《なかむらけんいち》の『北九州上空野辺軍曹機の体当りB29二機を撃墜す』（一九四五年）も、題名を見ると痛ましいが、画面はまるでモネの風景画のようである。戦時を生き延びるために戦争画を「描かされた」画家の、芸術家としてのギリギリの矜持《きょうじ》なのかもしれないが、純粋に美しいと感じたのかもしれない。実際、空襲の際、降り注ぐ爆弾や焼夷弾《しょういだん》が美しく思えたという感想もよく聞く話である。筆者の母親も同じことをいっているが、同時に、操縦者の顔がわかるほどの距離で、艦載機から機銃掃射を受けた経験もあるという。戦争という極限状態において、死への怖れや怒りと美しいと感じる心性の関係はそれほど単純ではないのだろう。

戦争に限らず、死と死後の世界観を冷静に見つめ直すことは、たとえそれが自分の意に染まない様相を見ることになるにしても、大切なことである。本書でたどったように、驚くほどに来世の青写真は未完成であり、現世のさまざまな思惑に翻弄《ほんろう》されている。あらためて死を考えることは、この世界のからくりを見ることにつながっている。

図7-1　ポール・ナッシュ『バトル・オブ・ブリテン』（上，1941年），『ドイツでの戦い』（下，1944年）

つまるところ、死者の魂の行き先は、われわれの記憶のなかなのかもしれない。だとすれば、虚栄の口実はもちろん、「美しい」物語の引き立て役として祭り上げられることや、さまざまな俗世の思惑に絡め取られることがないように、細心の注意を払わなくてはならない。それは孤立をも強いる厳しい道であるかもしれない。その先にあるのは、心安らかな心境であるのか、寂しく心許ない寂寥《せきりょう》とした心風景なのか、感じ方も人それぞれかもしれない。しかし、死を自分の都合のよいように改変することや、恣意的に利用することは、厳に慎むべき最低限の倫理だろう。

メメント・モリ――死を想うことで中世の人びとは自分のありさまを見つめた。それはわれわれも同じである。過去の事例と現代の問題を往還してきた本書を終えるに当たって、このことをあらためて心に刻みたい。

あとがき

イギリスの宗教改革時代を主な研究対象にしている筆者が、本書で取り上げたテーマに関心を持ったのは、墓の問題が最初であった。聖堂のなかにずらりと並ぶ墓の形態やそれらが今なお雄弁に語りかけてくる情報に興味を引かれたのである。一九九〇年代には、いくつかの論文やエッセイとして、その関心を披瀝《ひれき》していたが、その縁で大阪大学大学院文学研究科での共同研究「死の習俗の比較史」(一九九八〜二〇〇〇年、その成果の一部は『死の文化誌』〈昭和堂、二〇〇二年〉としてまとめられている)、さらにそれを発展させた二〇〇四年から始まった科学研究費補助金による研究会「死者の葬送と記念に関する比較文明史――親族・近隣社会・国家」(代表江川温)のメンバーに加えていただいた。これらの研究会のおかげで、歴史学はもとより、考古学や民俗学、文化人類学など多方面の多彩な研究者から刺激を受けることができた。

　中央公論新社の小野一雄さんから、何か書いてみませんか、というお誘いを受けたのが、ちょうどこれらの研究会が終了する頃であったので、それならこういうのはどうでしょう、とご提案させていただいたのが、本書の出発点である。その時点では、すでに研究の蓄積もあるし、研究会からえた情報の蓄積もあるので、執筆は容易だろうと踏んでいた。しかし、構想ばかりが先に立ち、執筆の見通しの甘さは筆者のいつもの悪い癖で、実際に取りかかってみると、あちこちに研究の大きな穴が開いている状態で、あそこもここもと繕っているうちに、一年経ち二年経ち、ついに一〇年が経過してしまった。小野さんの忍耐強さにはただ感謝のみである。

　じつは、塞《ふさ》ぐべき穴はまだたくさんあるのだが、分量がどんどん増えるばかりで、収拾がつかなくなってきたので、蛮勇をふるって、原稿を新書の容量に収まるようにまとめたのが本書である。収拾をつけるのがむずかしくなってきたのは、ひとつには、こうした研究を始めた頃は、死にまつわる習俗や墓というのは、西洋史研究のテーマとしては、いささか際物めいたところがまだあり、参照すべき先行研究はそれほど多くはなかったのが、その後、風向きが変わり、研究書がどんどんと出てくるようになったのも理由である。どこかでキリをつけないと終わりが見えない、と考えた次第。

当然のことながら、本書の執筆には、数多くの先行研究を参考にしており、本来なら参考文献の一覧もかなり長大なものになる。また、昨今は、本書のような多くの読者を対象にした書物でも、引用や参照の典拠については、詳細に明示することが求められる傾向にある。しかし、たいていの読者には冗漫なリストにしか思えないだろうし、新書という性格を考えて、参考文献表というよりはかなり限定的な読書案内にならざるをえなかった。ご容赦いただければ幸いである。

文献以外にもさまざまな情報を多くの方からいただいた。そのすべてを本文に盛り込むことは紙幅の関係上できなかったが、本書執筆の大きな助けになったことを記して感謝の言葉としたい。また、ドイツ宗教改革史を専門とされる塚本栄美子さんには、草稿を読んでいただき、キリスト教徒の立場からご意見をいただいた。信仰を持たない筆者の思い込みによる独善に陥るのを救っていただいたことに感謝したい。

二〇一九年初夏

指　昭博

M. L. Hickerson, *Making Women Martyrs in Tudor England*, Basingstoke, 2005.
Susannah Brietz Monta, *Martyrdom and Literature in Early Modern England*, Cambridge, 2005.
Jolyon Mitchell, *Martyrdom*, Oxford University Press, 2012.

【幽霊について】
……ピーター・マーシャルの研究の他，以下の文献が参考になる．
R. C. Finucane, *Appearances of The Dead: A Cultural History of Ghosts*, London, 1982.
Owen Davies（ed.）, *Ghosts: A Social History*, 5 vols., London, 2010.
……17世紀から20世紀にかけての幽霊論の原典復刻版．

Julian Litten, *The English Way of Death: The Common Funeral Since 1450*, London, 1991.
N. Llewellyn, *The Art of Death: Visual Culture in English Death Ritual c. 1500-c. 1800*, London, 1991.
S. Bassett (ed.), *Death in Towns: Urban Responses to the Dying and the Dead, 400-1600*, Leicester, 1992.
James Stevens Curl, *A Celebration of Death: An Introduction to Some of the Buildings, Monuments, and Settings of Funerary Architecture in the Western European Tradition*, London, 2nd ed., 1993.
J. Woodward, *The Theatre of Death: The Ritual Managemant of Royal Funerals in Renaissance England*, Woodbridge, 1997.
David Cressy, *Birth, Marriage & Death: Ritual, Religion, and the Life- Cycle in Tudor and Stuart England*, Oxford, 1997.
Ralph Houlbrooke, *Death, Religion, and the Family in England 1480-1750*, Oxford, 1998.
P. Jupp & C. Gitting (eds.), *Death in England: An Illustrated History*, Manchester, 1999.
Id., *The Victorian Celebration of Death*, London, 2001.
Vanessa Harding, *The Dead and the Living in Paris and London, 1500-1670*, Cambridge, 2002.
Elizabeth C. Tingle & Jonathan Willis (eds.), *Dying, Death, Burial and Commemoration in Reformation Europe*, Farnham, 2015.
Thomas W. Laqueur, *The Work of the Dead: A Cultural History of Mortal Remains*, Princeton, 2015.

【殉教について】
Peter Burke, 'How to be a Counter-Reformation Saint', in Kaspar von Greyerz (ed.), *Religion and Society in Early Modern Europe, 1500-1800*, London, 1984.
D. Wood (ed.), *Martyrs and Martyrologies* (Studies in Church History, vol. 30), Oxford, 1993.
John R. Knott, *Discourses of Martyrdom in English Literature, 1563-1694*, Cambridge, 1993.
Robert Kolb, 'God's Gift of Martyrdom: The Early Reformation Understanding of Dying for the Faith', *Church History*, vol. 64, 1995.
Brad S. Gregory, *Salvation at Stake: Christian Martyrdom in Early Modern Europe*, New Haven, 1999.
Anne Dillon, *The Construction of Martyrdom in the English Catholic Community, 1535-1603*, Aldershot, 2002.
A. Pettegree, 'Illustrating the Book: A Protestant Dilemma', in C. Highley & J. H. King (eds.), *John Foxe and his World*, Aldershot, 2002.

書房，1993年.
キース・トマス（荒木正純訳）『宗教と魔術の衰退』法政大学出版局，1993年.
キャスリーン・コーエン（小池寿子訳）『死と墓のイコノロジー——中世後期とルネサンスにおけるトランジ墓』平凡社，1994年.
脇田晴子，S・B・ハンレー編『ジェンダーの日本史』上下巻，東京大学出版会，1994〜95年.
岩井淳『千年王国を夢みた革命——17世紀英米のピューリタン』講談社選書メチエ，1995年.
リンダ・コリー（川北稔監訳）『イギリス国民の誕生』名古屋大学出版会，2000年.
エルンスト・H・カントーロヴィチ（小林公訳）『王の二つの身体』上下巻，ちくま学芸文庫，2003年.
修道士マルクス，修道士ヘンリクス（千葉敏之訳）『西洋中世奇譚集成　聖パトリックの煉獄』講談社学術文庫，2010年.
吉村正和『心霊の文化史——スピリチュアルな英国近代』河出書房新社，2010年.
ポール・クドゥナリス（千葉喜久枝訳）『死の帝国——写真図説・奇想の納骨堂』創元社，2013年.
川村邦光『弔いの文化史——日本人の鎮魂の形』中公新書，2015年.
山我哲雄「イエスの最後の言葉」『図書』第797号，2015年7月.

*　　*　　*

【ピーター・マーシャルの著作】

……イギリス史における死に関する研究としては，ピーター・マーシャルの一連の研究が重要である.

Peter Marshall, ‘Fear, Purgatory and Polemic in Reformation England’, in William G. Naphy and Pennry Roberts (eds.), *Fear in Eraly Modern Society*, Manchester, 1997.
Bruce Gordon & Peter Marshall (eds.), *The Place of the Dead: Death and Remembrance in Late Medieval and Early Modern Europe*, Cambridge, 2000.
Peter Marshall, *Beliefs and the Dead in Reformation England*, Oxford, 2002.
Id., *Invisible Worlds: Death, Religion and the Supernatural in England, 1500-1700*, London, 2017.

【埋葬・墓について】

J. Whaley (ed.), *Mirrors of Mortality: Studies in the Social History of Death*, London, 1981.
C. Gitting, *Death, Burial and the Individual in Early Modern England*, London, 1984.

文献案内

本書でその内容について紹介・言及したものを中心に挙げているが，紙幅の関係で網羅的なものではない．欧文文献の詳細については，専門的になるので，以下の拙稿に示した文献を参照されたい．


指昭博「墓を楽しむ――もう一つの観光名所」指昭博編『祝祭がレジャーに変わるとき――英国余暇生活史』創知社，1993年．

――「モニュメントと宗教改革――聖堂の世俗化の一側面」『神戸市外国語大学 外国学研究』第35号「非日常空間の発見」，1996年．

　……本書第六章のもとになった論文．墓とモニュメント関係の文献はこの論文の注を参照．

――「『殉教者の書』とイングランド宗教改革」『神戸市外国語大学 外国学研究』第53号，2002年．

　……ジョン・フォックスの著作に関する文献はこの論文の注を参照．

――「近世イングランドの国王葬儀」江川温・中村生雄編『死の文化誌――心性・習俗・社会』昭和堂，2002年．

　……一部を修正を加えて本書第四章に組み込んでいる．エリザベスの葬儀や葬儀像についての文献はこの論文の注を参照．

＊　＊　＊

【邦語文献】

　……死を扱った邦語文献は，歴史書だけではなく，美術史や文学史など幅広くあるので，本書で言及したものを中心にとどめた．


阿部謹也『刑吏の社会史――中世ヨーロッパの庶民生活』中公新書，1978年．

ジャック・ル・ゴッフ（渡辺香根夫・内田洋訳）『煉獄の誕生』法政大学出版局，1988年．

市場泰男「西洋の幽霊とキリスト教」『月刊百科』第305号，1988年３月．

ジョン・マクマナーズ（小西嘉幸ほか訳）『死と啓蒙――十八世紀フランスにおける死生観の変遷』平凡社，1989年．

フィリップ・アリエス（成瀬駒男訳）『死を前にした人間』みすず書房，1990年．

――（福井憲彦訳）『図説 死の文化史――ひとは死をどのように生きたか』日本エディタースクール出版部，1990年．

川北稔「イギリス近世の高齢者と寡婦――「救貧パラノイア」の前提」前川和也編著『家族・世帯・家門――工業化以前の世界から』ミネルヴァ

指 昭博（さし・あきひろ）

1957年（昭和32年），大阪府岸和田市に生まれる．大阪大学文学部卒業．大阪大学大学院文学研究科博士課程単位取得満期退学．博士（文学）．大阪大学助手，追手門学院大学助教授などを経て，現在，神戸市外国語大学学長・教授．専門は近世イギリス史．

著書『イギリス宗教改革の光と影』（ミネルヴァ書房，2010年）
『イギリス発見の旅』（刀水書房，2010年）
『はじめて学ぶイギリスの歴史と文化』（ミネルヴァ書房，2012年）
『図説 イギリスの歴史』（増補新版，河出書房新社，2015年）ほか

キリスト教《きょう》と死《し》

中公新書 *2561*

2019年 9 月25日発行

著 者 指 昭 博

発行者 松 田 陽 三

本文印刷 暁 印 刷
カバー印刷 大熊整美堂
製 本 小 泉 製 本

発行所 中央公論新社
〒100-8152
東京都千代田区大手町 1-7-1
電話 販売 03-5299-1730
編集 03-5299-1830
URL http://www.chuko.co.jp/

Published by CHUOKORON-SHINSHA, INC.
Printed in Japan ISBN978-4-12-102561-6 C1222

中公新書刊行のことば

一九六二年一一月

いまからちょうど五世紀まえ、グーテンベルクが近代印刷術を発明したとき、書物の大量生産は潜在的可能性を獲得し、いまからちょうど一世紀まえ、世界のおもな文明国で義務教育制度が採用されたとき、書物の大量需要の潜在性が形成された。この二つの潜在性がはげしく現実化したのが現代である。

いまや、書物によって視野を拡大し、変りゆく世界に豊かに対応しようとする強い要求を私たちは抑えることができない。この要求にこたえる義務を、今日の書物は背負っている。だが、その義務は、たんに専門的知識の通俗化をはかることによって果たされるものでもなく、通俗的好奇心にうったえて、いたずらに発行部数の巨大さを誇ることによって果たされるものでもない。現代を真摯に生きようとする読者に、真に知るに価いする知識だけを選びだして提供すること、これが中公新書の最大の目標である。

私たちは、知識として錯覚しているものによってしばしば動かされ、裏切られる。私たちは、作為によってあたえられた知識のうえに生きることがあまりに多く、ゆるぎない事実を通して思索することがあまりにすくない。中公新書が、その一貫した特色として自らに課すものは、この事実のみの持つ無条件の説得力を発揮させることである。現代にあらたな意味を投げかけるべく待機している過去の歴史的事実もまた、中公新書によって数多く発掘されるであろう。

中公新書は、現代を自らの眼で見つめようとする、逞しい知的な読者の活力となることを欲している。

中公新書

宗教・倫理

b 1

2293 教養としての宗教入門 中村圭志
2459 聖書、コーラン、仏典 中村圭志
2158 神道とは何か 伊藤 聡
1130 仏教とは何か 山折哲雄
2135 仏教、本当の教え 植木雅俊
2416 浄土真宗とは何か 小山聡子
2365 禅の教室 藤田一照 伊藤比呂美
134 地獄の思想 梅原 猛
1661 こころの作法 山折哲雄
989 儒教とは何か（増補版） 加地伸行
1707 ヒンドゥー教―インドの聖と俗 森本達雄
2261 旧約聖書の謎 長谷川修一
2076 アメリカと宗教 堀内一史
2360 キリスト教と戦争 石川明人
2453 イスラームの歴史 K・アームストロング 小林朋則訳
2306 聖地巡礼 岡本亮輔
48 山伏 和歌森太郎
2310 山岳信仰 鈴木正崇
2334 弔いの文化史 川村邦光
2499 仏像と日本人 碧海寿広

中公新書

世界史

e2

2050 新・現代歴史学の名著 樺山紘一編著
2223 世界史の叡智 本村凌二
2253 禁欲のヨーロッパ 佐藤彰一
2409 贖罪のヨーロッパ 佐藤彰一
2467 剣と清貧のヨーロッパ 佐藤彰一
2516 宣教のヨーロッパ 佐藤彰一
1045 物語 イタリアの歴史 藤沢道郎
1771 物語 イタリアの歴史 II 藤沢道郎
2508 貨幣が語る ローマ帝国史 比佐篤
2413 ガリバルディ 藤澤房俊
2152 物語 近現代ギリシャの歴史 村田奈々子
2440 バルカン―「ヨーロッパの火薬庫」の歴史 M・マゾワー 井上廣美訳
1635 物語 スペインの歴史 岩根圀和
1750 物語 スペインの歴史 人物篇 岩根圀和
1564 物語 カタルーニャの歴史 田澤耕

1963 物語 フランス革命 安達正勝
2286 マリー・アントワネット 安達正勝
2466 ナポレオン時代 A・ホーン 大久保庸子訳
2529 ナポレオン四代 野村啓介
2027 物語 ストラスブールの歴史 内田日出海
2318 2319 物語 イギリスの歴史(上下) 君塚直隆
2167 イギリス帝国の歴史 秋田茂
1916 ヴィクトリア女王 君塚直隆
1215 物語 アイルランドの歴史 波多野裕造
1420 物語 ドイツの歴史 阿部謹也
2304 ビスマルク 飯田洋介
2490 ヴィルヘルム2世 竹中亨
2546 物語 オーストリアの歴史 山之内克子
2434 物語 オランダの歴史 桜田美津夫
2279 物語 ベルギーの歴史 松尾秀哉
1838 物語 チェコの歴史 薩摩秀登
2445 物語 ポーランドの歴史 渡辺克義

1131 物語 北欧の歴史 武田龍夫
2456 物語 フィンランドの歴史 石野裕子
1758 物語 バルト三国の歴史 志摩園子
1655 物語 ウクライナの歴史 黒川祐次
1042 物語 アメリカの歴史 猿谷要
2209 アメリカ黒人の歴史 上杉忍
1437 物語 ラテン・アメリカの歴史 増田義郎
1935 物語 メキシコの歴史 大垣貴志郎
1547 物語 オーストラリアの歴史 竹田いさみ
2545 物語 ナイジェリアの歴史 島田周平
1644 ハワイの歴史と文化 矢口祐人
2442 海賊の世界史 桃井治郎
518 刑吏の社会史 阿部謹也
2451 トラクターの世界史 藤原辰史
2368 第一次世界大戦史 飯倉章
2561 キリスト教と死 指昭博

中公新書

現代史

27 ワイマル共和国　林　健太郎
478 アドルフ・ヒトラー　村瀬興雄
2553 ヒトラーの時代　池内　紀
2272 ヒトラー演説　高田博行
1943 ホロコースト　芝　健介
2349 ヒトラーに抵抗した人々　對馬達雄
2448 闘う文豪とナチス・ドイツ　池内　紀
2329 ナチスの戦争 1918-1949　R・ベッセル　大山　晶訳
2313 ニュルンベルク裁判　A・ヴァインケ　板橋拓己訳
2266 アデナウアー　板橋拓己
2274 スターリン　横手慎二
530 チャーチル（増補版）　河合秀和
1415 フランス現代史　渡邊啓貴
2356 イタリア現代史　伊藤　武
2221 バチカン近現代史　松本佐保
2538 アジア近現代史　岩崎育夫
2437 中国ナショナリズム　小野寺史郎
1959 韓国現代史　木村　幹
2262 先進国・韓国の憂鬱　大西　裕
1763 アジア冷戦史　下斗米伸夫
1876 インドネシア　水本達也
2143 経済大国インドネシア　佐藤百合
1596 ベトナム戦争　松岡　完
2330 チェ・ゲバラ　伊高浩昭
1664
1665 アメリカの20世紀（上下）　有賀夏紀
1920 ケネディ―「神話」と実像　土田　宏
2140 レーガン　村田晃嗣
2383 ビル・クリントン　西川　賢
2527 大統領とハリウッド　村田晃嗣
1863 性と暴力のアメリカ　鈴木　透
2479 スポーツ国家アメリカ　鈴木　透
2540 食の実験場アメリカ　鈴木　透
2504 アメリカとヨーロッパ　渡邊啓貴
2381 ユダヤとアメリカ　立山良司
2415 トルコ現代史　今井宏平
2163 人種とスポーツ　川島浩平

中公新書

言語・文学・エッセイ

j 1

433 日本語の個性　外山滋比古
533 日本の方言地図　徳川宗賢編
2493 日本語を翻訳するということ　牧野成一
500 漢字百話　白川静
2213 漢字再入門　阿辻哲次
1755 部首のはなし　阿辻哲次
2534 漢字の字形　落合淳思
2430 謎の漢字　笹原宏之
2341 常用漢字の歴史　今野真二
2363 外国語を学ぶための言語学の考え方　黒田龍之助
1880 近くて遠い中国語　阿辻哲次
1833 ラテン語の世界　小林標
1971 英語の歴史　寺澤盾
2407 英単語の世界　寺澤盾
1533 英語達人列伝　斎藤兆史
1701 英語達人塾　斎藤兆史
2086 英語の質問箱　里中哲彦
2165 英文法の魅力　里中哲彦
2231 英文法の楽園　里中哲彦
1448 「超」フランス語入門　西永良成
352 日本の名作　小田切進
212 日本文学史　奥野健男
2556 日本近代文学入門　堀啓子
2285 日本ミステリー小説史　堀啓子
2427 日本ノンフィクション史　武田徹
563 幼い子の文学　瀬田貞二
2156 源氏物語の結婚　工藤重矩
1787 平家物語　板坂耀子
1798 ギリシア神話　西村賀子
1254 ケルト神話と中世騎士物語　田中仁彦
2382 シェイクスピア　河合祥一郎
2242 オスカー・ワイルド　宮﨑かすみ
275 マザー・グースの唄　平野敬一
2404 ラテンアメリカ文学入門　寺尾隆吉
1790 批評理論入門　廣野由美子

中公新書

芸術

k1

番号	書名	著者
2072	日本的感性	佐々木健一
1296	美の構成学	三井秀樹
1741	美学への招待（増補版）	佐々木健一
1220	書とはどういう芸術か	石川九楊
1938	カラー版 フランス・ロマネスクへの旅	池田健二
1994	カラー版 イタリア・ロマネスクへの旅	池田健二
2102	カラー版 スペイン・ロマネスクへの旅	池田健二
118	フィレンツェ	高階秀爾
385 386	カラー版 近代絵画史（増補版）（上下）	高階秀爾
2052	印象派の誕生	吉川節子
1781	マグダラのマリア	岡田温司
1998	キリストの身体	岡田温司
2188	アダムとイヴ	岡田温司
2369	天使とは何か	岡田温司
2425	カラー版 ダ・ヴィンチ絵画の謎	斎藤泰弘
2232	ミケランジェロ	木下長宏
2292	カラー版 ゴッホ〈自画像〉紀行	木下長宏
2513	カラー版 日本画の歴史 近代篇	草薙奈津子
2514	カラー版 日本画の歴史 現代篇	草薙奈津子
2478	カラー版 横山大観	古田亮
1827	カラー版 絵の教室	安野光雅
1103	モーツァルト	H・C・ロビンズ・ランドン 石井宏訳
1585	オペラの運命	岡田暁生
1816	西洋音楽史	岡田暁生
2009	音楽の聴き方	岡田暁生
2395	ショパン・コンクール	青柳いづみこ
2325	テロルと映画	四方田犬彦
1854	映画館と観客の文化史	加藤幹郎
2247 2248	日本写真史（上下）	鳥原学

中公新書

地域・文化・紀行

t 1

- 285 日本人と日本文化　司馬遼太郎　ドナルド・キーン
- 605 絵巻物に見る日本庶民生活誌　宮本常一
- 201 照葉樹林文化　上山春平編
- 799 沖縄の歴史と文化　外間守善
- 2298 四国遍路　森　正人
- 2151 国土と日本人　大石久和
- 2487 カラー版 ふしぎな県境　西村まさゆき
- 1810 日本の庭園　進士五十八
- 2511 外国人が見た日本　内田宗治
- 1909 ル・コルビュジエを見る　越後島研一
- 246 マグレブ紀行　川田順造
- 1009 トルコのもう一つの顔　小島剛一
- 2169 ブルーノ・タウト　田中辰明
- 2032 ハプスブルク三都物語　河野純一
- 2183 アイルランド紀行　栩木伸明
- 1670 ドイツ 町から町へ　池内　紀
- 1742 ひとり旅は楽し　池内　紀
- 2023 東京ひとり散歩　池内　紀
- 2118 今夜もひとり居酒屋　池内　紀
- 2326 旅の流儀　玉村豊男
- 2331 カラー版 廃線紀行―もうひとつの鉄道旅　梯　久美子
- 2290 酒場詩人の流儀　吉田　類
- 2472 酒は人の上に人を造らず　吉田　類